科技
金融理论
与实践创新

以吉林省为例

支 茵◎著

中国财富出版社有限公司

图书在版编目（CIP）数据

科技金融理论与实践创新：以吉林省为例／支茵著.—北京：中国财富出版社有限公司，2022.12

ISBN 978－7－5047－7842－0

Ⅰ.①科…　Ⅱ.①支…　Ⅲ.①科学技术－金融－研究－吉林　Ⅳ.①F832.734

中国版本图书馆 CIP 数据核字（2022）第 237131 号

策划编辑	郑晓雯	**责任编辑**	张红燕　郑晓雯	**版权编辑**	李　洋
责任印制	尚立业	**责任校对**	卓闪闪	**责任发行**	董　倩

出版发行	中国财富出版社有限公司		
社　　址	北京市丰台区南四环西路 188 号 5 区 20 楼	**邮政编码**	100070
电　　话	010－52227588 转 2098（发行部）	010－52227588 转 321（总编室）	
	010－52227566（24 小时读者服务）	010－52227588 转 305（质检部）	
网　　址	http：//www.cfpress.com.cn	**排　　版**	宝蕾元
经　　销	新华书店	**印　　刷**	宝蕾元仁浩（天津）印刷有限公司
书　　号	ISBN 978－7－5047－7842－0/F·3614		
开　　本	710mm×1000mm　1/16	**版　　次**	2024 年 1 月第 1 版
印　　张	11.25	**印　　次**	2024 年 1 月第 1 次印刷
字　　数	184 千字	**定　　价**	52.00 元

前　言

　　科技金融是建设创新型国家、贯彻实施国家创新驱动发展战略、激发社会创新活力、推动经济结构转型升级的强劲动力。为了加速科技金融发展，吉林省借鉴了国内外先进经验，创新科技投入方式，综合利用政府财政经费以及银行、证券、保险、创业投资等多种融资渠道，加强对科技型中小企业的融资支持。

　　本书以吉林省的科技金融理论与实践创新为例探讨相关内容。全书共分为五章：第一章是科技金融的基本理论，阐述科技金融的内涵与外延、科技金融的理论支撑、科技金融的功能与特征、科技金融的内容与发展。第二章分析科技金融的服务与运行，内容包括科技金融、经济与产业，科技金融的服务，科技金融的运行机制以及科技金融的运作模式。第三章解读科技金融发展的国际经验，内容涵盖美国科技金融的发展借鉴、欧盟科技金融的发展借鉴、日本科技金融的发展借鉴以及英国科技金融的发展借鉴。第四章是科技金融的创新与发展探微，内容涉及科技金融专营机构创新、科技金融生态圈的创新打造、技术助力科技金融创新、科技金融与企业的创新发展、科技金融的辅助体系发展思考。第五章研究吉林省科技金融发展及服务平台构建，内容包括吉林省农业科技金融的发展思考、吉林省改善财政性科技金融现状的对策建议、吉林省战略性新兴产业科技金融支持的发展、吉林省科技金融服务平台运行模式及构建、吉林省科技大市场可持续发展。

　　本书内容丰富、深入浅出，本着理论联系实际的原则，先以科技金融的理论为基础，再解读科技金融的服务与运行、国际经验，最后探索吉林省科技金融的创新发展。本书内容具有一定的理论创新性，具有较高的指导意义和参考价值。

　　笔者在撰写本书的过程中，得到了许多专家、学者的帮助和指导，在此表示诚挚的谢意。由于笔者水平有限，加之时间仓促，书中所涉及的内容难免有疏漏之处，希望各位读者多提宝贵的意见，以便笔者进一步修改，使内容更加完善。

目　录

第一章　科技金融的基本理论

第一节　科技金融的内涵与外延

一、科技金融的内涵

科技包括科学和技术，虽然二者是不同的，但也互相关联。

科学是关于自然、社会、思维的知识系统，它的使命是揭示事物发展的客观规律，寻求客观真相，要解决"怎么回事"这一问题。它的目的是要发掘出新的东西，同时也是人们了解社会的一种方法。

技术是根据自然科学原理和生产实践经验，为某一实际目的而协同组成的各种工具设备、技术和工艺体系。技术的内涵包括以下几点：①技术的起源，它源于一定的历史阶段中的社会经验和科学知识；②技术的目标是提高生产力，并为生产提供直接服务；③技术的组成，包含操作方法与技巧等相关软件，以及所需的原料、物料及设备等硬件。

科学与技术相互影响。科学是技术发展的先决条件和依据，能够通过技术发展使科学得以进步；技术是科学的延伸和最终目的。科学发展只能通过技术发展实现，特别是对企业来说。随着科学和技术的不断发展，二者已经成了不可分割的有机整体。

按照时间的逻辑，科技创新可以分为三个阶段：知识创新、技术创新和产业化创新。知识创新是以科学技术为载体获取新的基本科技知识的重要途径。知识创新的主体是高等学校及科研院所。技术创新是指研究和试验新产品（新技术），主体是企业。产业化创新是指新产品的大规模生产和销售。产业化创新的主体同样是企业。知识创新是技术创新的源泉和主导力量，技术创新以满足社会对产品的需要为前提，对知识创新进行适用性和可行性培育，技术创新也是产业化创新的根本；知识创新成果的市场价值最终要通过工业化来实现。

科技金融指通过创新财政科技投入方式，引导和促进银行业、证券业、保险业金融机构及创业投资等各类资本，创新金融产品，改进服务模式，搭建服务平台，实现科技创新链条与金融资本链条的有机结合，为处于各发展阶段的科技企业提供融资支持和金融服务的一系列政策和制度的系统安排。以企业为主体，以市场为导向，政产学研用一体化是科技金融在现代科技创新体系中所体现的重要内容，既体现了金融的运行特性，又体现了科技的特性。这既是政府的主导，也是市场的内在动力，还体现了科技金融自然特性的诸多要素。加强科技与金融的结合，不仅有利于发挥科技对经济社会发展的支撑作用，也有利于金融创新和金融的持续发展。

二、科技金融的外延

科技金融的外延涉及层面较多，包含制度设计、工作体系、操作实施、技术创新链条、投融资链条等。

（1）制度设计层面。从中央延伸到地方，构成了三维立体结构。

（2）工作体系层面。由科技主管及金融监管部门，延伸到财税部门、国资部门及专利部门等，形成平面结构。

（3）操作实施层面。在政府的引导下，利用市场机制推动多元交叉网络的构建。

（4）技术创新链条层面。从专注于突破技术难点，转向完善试验中间环节，着重于技术和工艺的成熟；从专注于已经获得的创新成果，延伸到创新成果的创新者，着重于提升创新成果的品质和效果；从侧重激发动员本地的创造性主体的创新创业热情，扩大到引进创业团队，多渠道推动创新创业；从单纯专注于推动技术成果的转化，延伸到建立技术创新的评价机制和交易环境，全方位、多维度地打造、完善技术创新链条。

（5）投融资链条层面。从单纯的以科技项目促进技术创新，到重视利用市场机制化的方式，利用政府资金、财税和国资政策等手段，提升政府的资源配置效率。大力推进多渠道、多元化、多层次的科研投资和金融系统建设，推进科学和技术创新的综合服务体系构建。

简而言之，科技金融是一个复杂、庞大的系统工程，其外延最终都有赖于科学技术和金融体制、管理体制的变革与创新。

第二节　科技金融的理论支撑

一、新供给理论

20 世纪 70 年代，西方国家普遍出现了经济增速下降、通货膨胀、失业率攀升等问题，经济学界对传统需求导向的凯恩斯主义①经济学理论提出了质疑，开始研究替代性的理论和政策来应对经济出现的新问题。供给学派就是在这样的背景下兴起的，主张加强市场的作用，反对政府干预，在政策建议上主张通过减税刺激投资，增加供给。新供给理论是在对主流经济学理论框架进行深入反思的基础上，结合我国经济发展的实际情况，探讨新常态下中国经济到底应该如何发展的一系列理论探索和政策主张。

对于企业来说，如果供给约束过大，如融资成本过高、原料价格上涨过快、劳动力稀缺导致用人成本攀升等，都将会严重影响企业的技术创新投入，从而压制新供给对新需求的创造机制。从产业创新的角度来看，新兴战略行业的科技企业，其技术创新和产品类型代表了未来的市场方向，如果因为种种供给约

---

① 凯恩斯主义（也称"凯恩斯主义经济学"）是建立在凯恩斯的著作《就业、利息和货币通论》的思想基础上的经济理论。主张国家采用扩张性的经济政策，通过增加需求促进经济增长，即扩大政府开支，实行财政赤字，刺激经济，维持繁荣。凯恩斯的经济学理论指出，宏观的经济趋向会制约个人的特定行为。18 世纪末期以来的经济学建立在不断发展生产从而增加经济产出的观点上，而凯恩斯则认为对商品总需求的减少是经济衰退的主要原因。由此出发，他指出，维持整体经济活动数据平衡的措施可以在宏观上平衡供给和需求。因此，凯恩斯的经济学理论和其他建立在凯恩斯经济学理论基础上的经济学理论被称为宏观经济学，同注重研究个人行为的微观经济学相区别。

束而无法及时转化成产品投放市场，则会严重影响企业的生命活力和发展，甚至拖垮企业。如果这种现象普遍存在的话，则会遏制整个社会的经济活力。

二、金融发展理论

金融发展理论强调了科技创新和金融发展之间的关系，金融发展通过科技创新改变经济增长情况，金融发展对科技创新的作用主要表现在以下三个方面。

第一，为科技活动提供融资渠道。随着金融市场的发展，金融发展利用自身的融资优势解决了科技创新遇到的筹资难、融资难的问题。同时在金融发展较为完善的国家，由于信息透明度较高、资金流动快、融资风险低等特点，科技活动的融资难度、融资成本、风险也相对较低。

第二，交易信息透明。发达的金融体系可以解决科技活动中由于信息不透明而产生的一些错误判断问题，因此可以把有限的资源投放到竞争力强的企业。

第三，提供降低风险的方法。金融发展可以提供不同的投资组合来降低投资者所承受的收益风险，以此来吸引大量投资者对科技活动进行投资和支持。

三、信息经济学理论

信息经济学理论又称微观信息经济学，最先把信息引入经济学领域的是美国经济学家斯蒂格利茨等。他们在信息经济学中表示，信息在经济发展过程中占据着重要位置，金融市场正是由于信息的不透明，存在着大量逆向选择行为，尤其是金融市场中的保险市场。作为科技活动的投保人和受保人，在双方信息不对称的情况下，投保人可能会恶意隐瞒真实信息来骗取保金，保险公司承受的风险大幅度增加，使得保险公司在面对科技公司投保时会过于慎重，进而增加科技公司成功投保的难度。这反映了科技型公司的保险体系不够完善，其发展也因为信息不对称而受到很大阻碍。

四、内生经济增长理论

内生经济增长理论的核心思想是认为经济不依赖外力推动也会实现持续增

长，内生的技术进步是保证经济持续增长的决定因素。该理论强调不完全竞争和收益递增。经济长期增长的关键在于知识的连续增进，投资和资本收益率可以是知识存量和资本存量的递增函数。一个国家或地区的知识存量越大，则投资和资本收益率就越高，经济增长潜力也就越大。内生经济增长理论从知识存量差异的角度解释了各个国家或地区投资和资本收益率存在差异的原因。

科技创新是企业发展的内在动力，如何构建一个完善、有效的科技金融体系，是内生经济增长理论的重要研究内容。金融部门主要通过传统的银行存贷部门与金融创新部门这两种途径对经济增长产生影响。一方面，银行存贷部门通过吸收存款并提高储蓄—投资转化率增加生产企业的物质资本积累；另一方面，金融创新部门通过提供直接融资、信息揭示与项目监督等方式支持企业的技术研发，进而促进社会整体技术水平的提升。

第三节　科技金融的功能与特征

一、科技金融的功能

一是资源配置功能。科技金融引导金融资源和社会资本向科技企业积聚。一方面，培育和释放转型升级新动能，加快构建满足经济发展需要的科技创新体系，激励社会资本进入国家科技创新研发领域，分享国家创新成果；另一方面，金融也在改革，意味着金融机构会越来越专业。科技服务业的发展会带来技术机构的金融化。

二是信息处理功能。科技金融的信息处理功能可以解决科技企业与金融机构之间的信息不对称问题。

三是监督管理功能。科技金融不仅要提供资本，还要为企业提供价值增值服务。科技金融为财政资金提供监督管理的效能，金融介入对项目承担者的治理结构、管理水平、诚信程度等形成全程化的监督管理，提高财政资金的安全性和有效性。科技金融检验科技创新成果的有效性和市场价值。一项成果能不能在市场中取得成功，金融资本是否参与、参与到何种程度是重要因素。

二、科技金融的特征

一是科技金融的一体化。科技金融的一体化特征包括以下内容：①支撑体系的一体化；②科技与金融的一体化；③产学研结合的一体化；④风险资本投资的一体化；⑤金融工具结合的一体化。

二是科技金融的投入性。科技金融的投入性包括以下内容。①科技研发的投入。科技研发的投入主要指在科技与金融结合的前期，投入在企业及其他主体所从事的科技研发活动中的人力资本、物力成本和财力资源。②金融资本的投入。金融资本的投入是在科技成果产业化过程中，对高新技术企业提供的资本支持。

三是科技金融的创新性。创新是科技金融的原动力，也是科技金融的基本特征。从科技金融的产生过程看，为了使科技研发所引致的技术革新能够应用于生产过程，必须要有合适的风险资本提供支持。风险资本与科技研发成果的这种结合方式，又对金融创新提出了新的要求。因而，科技金融的创新性特征体现在两个层面：科技的创新与金融的创新。

四是科技金融的制度化。制度是保证科技金融良性发展的基础，科技金融的制度化包括以下内容。①科技研发成果方面的制度。主要指以专利保护、市场竞争制度为代表的政府制度安排，这一系列制度决定了科技研发投入的产出收益，保证了科技研发收益在不同主体之间的分配关系。②风险资本投入的制度安排。

五是科技金融的国际化。国家科技金融的制度构建及其发展必须注重吸收和借鉴其他国家的先进经验，因为科技金融的发展是一个国际化的发展过程。

第四节　科技金融的内容与发展

一、科技金融的内容

科技金融是庞大、复杂的系统工程，内容包括财税引导、科技贷款、多层次资本市场、科技保险等方面。

（一）财税引导

1. 技术创新引导专项（基金）

技术创新引导专项（基金）是按照企业技术创新活动不同阶段的需求，对国家发展和改革委员会（以下简称国家发改委）、财政部管理的新兴产业创业投资基金，科技部管理的政策引导类计划、科技成果转化引导基金，财政部、科技部等四部委共同管理的中小企业发展专项资金中支持科技创新的部分，以及其他引导支持企业技术创新的专项资金（基金）进行分类整合而成的。

技术创新引导专项（基金）的定位包括以下内容。第一，发挥好市场配置技术创新资源的决定性作用和企业技术创新的主体作用，突出市场导向，以引导性财政投入和普惠性创新政策为主要方式，支持企业技术创新和科技成果转化活动。第二，通过风险补偿、后补助、创投引导等方式发挥财政资金的杠杆作用，运用市场机制引导和支持技术创新活动，促进科技成果资本化、产业化。第三，政府加大间接投入力度，落实和完善税收优惠、政府采购等支持科技创新的普惠性政策，激励企业加大自身的科技投入，使企业真正发展成技术创新的主体。

专项资金支持的项目在支持范围内，由地方科技部门、财政部门根据中央战略布局和地方特色需求进行遴选和管理，科技部、财政部则主要通过两年滚动计划和年度绩效评价来进行宏观指导。专项资金的管理创新既充分调动了地方的能动性和积极性，又体现了中央的部署和引导作用。

2. 政府创业投资引导基金

政府创业投资引导基金是指由政府出资，并吸引有关地方政府，金融、投资机构和社会资本，不以营利为目的，以股权或债权等方式投资于创业企业，支持创业企业发展的专项资金。政府创业投资引导基金可以克服市场失灵，帮扶中小创新企业发展，有效促进我国经济转型和创新型国家战略的实现。[①] 国家层面还包括科技中小企业创业投资引导基金、国家科技成果转化引导基金、

---

① 丁崇泰. 政府创业投资引导基金发展及美国经验借鉴［J］. 地方财政研究，2019（3）：107 - 112.

国家新兴产业创业投资引导基金、国家中小企业发展基金等。

（二）科技贷款

1. 银行不断丰富科技信贷产品

（1）知识产权质押贷款。知识产权质押贷款是借款人或者第三人依法以其知识产权的财产权利出质，将该财产权作为债权的担保，向银行申请贷款的一种信贷业务，是目前国内银行普遍开展的信贷产品。

（2）股权质押贷款。股权质押贷款是借款人以该公司股东所持有的公司股权作为质押担保的方式，可以缓解那些股份制改造后股权相对清晰的企业的资金短缺难题。很多银行针对新三板、创业板中的中小企业推出了该业务。

（3）应收账款质押贷款。应收账款质押贷款是指融资申请人将符合要求的应收账款出质给银行，由银行在付款日之前按照约定的比例向卖方以融资方式预付应收账款，以应收账款债务人支付款作为还款来源。开展这项业务的银行有国家开发银行、中国农业银行、中国银行、广发银行、平安银行、江苏银行、杭州银行等。

（4）订单质押贷款。订单质押贷款是指在贷款申请人与买方签订有效的订单后，银行依据其真实有效的订单，以订单项下的预期销货款作为主要还款来源，向贷款申请人提供短期资金融资。贷款申请人将贷款用于订单项下原材料或商品的采购、加工、生产及储运等用途，并以销售回笼资金来归还银行贷款。开展这项业务的银行有招商银行、中国建设银行、北京银行、杭州银行等。

2. 银保监会①和政府部门合力推动科技金融深化发展

为推动银行机构提供贷款支持科技创新创业，银保监会和科技部等政府部门制定了多项支持政策和鼓励措施，鼓励各地银行开展金融产品创新，给企业提供更好的发展环境。银保监会出台政策，要求银行设立考核指标，完

---

① 2018 年，中国银行保险监督管理委员会（简称"中国银保监会"）成立，不再保留中国保险监督管理委员会（简称"中国保监会"）。2023 年 3 月，中共中央、国务院印发了《党和国家机构改革方案》。在中国银行保险监督管理委员会基础上组建国家金融监督管理总局（简称"国家金监总局"），不再保留中国银保监会。5 月 18 日，国家金监总局正式揭牌，这意味着银保监会正式退出历史舞台。

善信贷业务管理机制，推动落实尽职免责等机制，鼓励银行发放科技贷款。

为了提高银行发放科技贷款的积极性，银保监会和国家发改委联合出台办法，要求银行业金融机构切实发挥对国家重点领域与项目的支持作用，促进经济、金融健康可持续发展，实行差别化信贷政策，积极开展信贷创新，鼓励实施银团贷款，为重大工程项目建设提供一揽子综合性金融服务。国家税务总局和银保监会合作，鼓励银行和税务部门"银税互动"，充分利用小微企业的纳税信用评价结果，对于符合贷款条件的守信优质小微企业，优化贷款审批程序，加大对其信贷支持力度。

（三）多层次资本市场

随着中国多层次资本市场的体制机制不断完善，规模不断壮大，为科技企业提供金融服务的手段也更加丰富，效果也更加明显。从主板到区域股权交易市场，多层次资本市场坚持围绕服务对象创新产品，为科技企业提供了多样化的融资服务，逐步形成了功能完备的科技金融子体系。如债券市场产品创新为企业提供了更多的融资方式选择，制度建设和创新则为市场的健康发展奠定了基础。债券市场在发行流程、额度管理、发行人分层等方面也进行了改革，个人投资者门槛降低，企业外债额度审批取消，做市商制度、市场化银行债转股、质押券折扣率等具体制度也得到优化，提高了债券市场的活跃度和债券的投资需求，促进了直接融资比重的提高。

（四）科技保险

科技保险产品逐步丰富，服务面逐步拓展，覆盖科技企业产品研发、知识产权保护、贷款保证、关键研发人员团体健康保险和意外伤害保险等多个方面；服务模式逐步完善，从单一保险保障向全方位保险金融服务过渡，推动产、融、保有效衔接。加快发展科技保险，鼓励有条件的地区建立科技保险奖补机制和再保险制度；开展专利保险试点，完善专利保险服务机制。充分发挥科技保险的作用，开发适合科技企业实际需求的保险产品，积极为科技企业技术研发创新活动和科技成果转让提供多层次的风险保障服务。

积极推进专利保险，引导和支持市场主体运用知识产权，降低维权成本，维护公平竞争的市场秩序。科技保险创新产品为"双创"科技型企业提供了涵盖传统风险保障、无形资产保障、潜在法律风险保障、综合金融服务和新兴产业服务等在内的一揽子产品服务体系。

1. 传统风险保障类

①高新技术企业财产保险主要承保由于自然灾害或意外事故保险标的直接物质损坏或灭失。②高新技术企业营业中断保险主要承保由于部分自然灾害或意外事故保险单明细表中列明的关键研发设备损毁、灭失或丧失使用功能及存储于其中的科研资料丢失，导致研发项目的研发工作中断。③高新技术企业关键研发设备保险主要承保由设计、制造或安装错误，铸造和原材料缺陷，工人、技术人员操作错误等原因造成的保险标的损失。④高新技术企业高管人员和关键研发人员团体健康保险主要承保该类人员因疾病所产生的住院津贴、手术费补偿金、重大疾病首次诊断保险金、癌症首次诊断保险金。⑤高新技术企业高管人员和关键研发人员团体意外伤害保险主要承保该类人员因遭受意外伤害而身故、残疾或烧伤的保险金，以及意外医疗费用、住院津贴、家庭抚恤金。

2. 无形资产保障类

①专利执行保险主要承保被保险人就受侵犯的专利权提起法律请求所产生的调查费用和法律费用。②专利许可证信用保险主要承保因被许可方破产、不履行债务等事由无法收回专利许可费的损失。

3. 潜在法律风险保障类

①高新技术企业董事、监事、高级管理人员职业责任保险主要承保该类人员在履行董事、监事及高级管理人员的职务时，由于违反职责等原因，致使第三者受到损失的损害赔偿责任。②高新技术企业雇主责任保险主要承保工作人员在受雇过程中（包括上下班途中）遭受意外或患与业务相关的职业性疾病，所致伤残或死亡的医疗费用及经济赔偿责任。③高新技术企业环境污染责任保险主要承保突发事故导致的有害物质泄漏，造成第三者人身伤亡或财产损失的损害赔偿责任。④高新技术企业产品责任保险主要承保由产品缺陷，造成使用、消费该产品的人或其他任何人身伤害或财产损失的赔偿责任。⑤高新技术企业产品质量保证保险主要承保被保险人在保险期间首次被

提出违约索赔，并依法应由被保险人承担修改、更换或退货的违约赔偿责任。

4. 综合金融服务类

①专利质押融资保证保险主要承保投保人（借款人）通过专利质押贷款而未能按约清偿到期债务的借款本金余额和利息余额的赔付责任。②高新技术企业小额贷款保证保险主要承保投保人（借款人）未能按约清偿到期债务的借款本金余额和利息余额的赔付责任。

5. 新兴产业服务类

①生命科学产品完工责任保险主要承保医药制造企业提供的产品或服务引起的人身伤害和财产损失的经济赔付责任。②个人信息泄露责任保险主要承保黑客攻击或员工故意行为等原因导致企业所管理的个人信息发生泄露并引起客户提起索赔的情况。③太阳能光伏组件长期质量与功率保证保险为光伏组件制造企业提供产品质量保证的保险和产品功率保证的保险，产品保障期限最高可达 30 年。④云计算服务责任保险承保云上用户因云服务商服务中断与数据丢失而产生的损失。

二、科技金融的发展

（一）我国科技金融发展的总体分析

我国科技金融的发展基本上是与改革开放同步进行的，其成长和发展与政府政策的支持和保障密切相关。从鼓励设立创业投资企业、设立科技贷款到提供知识产权质押贷款再到设立科技支行，从创新基金到创业投资引导基金再到多层次资本市场，可以说政府的政策支持几乎遍及科技型企业的所有融资渠道。

科技金融工作进入组织化推进阶段，各项支持政策全面推进，各地科技金融试点工作持续进行，各类科技金融产品不断涌现，科技型企业的金融服务环境呈现加速改善的发展趋势。在各地积极创新探索科技金融服务新模式和新业态的同时，中央层面的支持政策密集出台。

政府为互联网金融提供了宽松的发展环境，众筹、第三方支付等互联网金融为全民支持科技创新和科技型中小企业提供了新型通道。近年来，多层次资本市场体系迅速布局，天使投资基金、创业投资基金、股权投资基金等快速发展，科技型中小企业的股权融资环境得到突破性改善，多种类型的股权融资渠道几乎全部开通。

在债券融资方面，中央层面的政策侧重于通过贴息、风险补偿、支持担保业发展等方式支持商业银行等机构增加对科技型中小企业的服务，降低为科技型中小企业服务的门槛，倡导通过科技支行等专业化机构为科技型中小企业提供服务。知识产权质押融资等为科技型中小企业量身定做的债券融资方式已经起步，但受制于产权交易等方面的因素，尚未得到普遍应用。在地方层面，省一级政府为创业投资担保公司、城市商业银行提供直接支持，在一定程度上使其发挥了地方政策性金融机构的作用，对拓宽科技型中小企业的信贷融资渠道也发挥了积极作用。各级政府通过支持产业园区服务机构、孵化器、生产力促进中心以及各类众创空间，增进了金融机构与科技型中小企业的联系，有利于科技型中小企业获得更多的金融服务。

（二）我国科技金融体系

我国支持科技型中小企业发展的金融服务政策基本覆盖金融领域。在各自领域内，金融机构也根据自身经营的特点和风险收益特征给予了科技型中小企业不同类型的金融服务支持。良好的金融安排和金融服务，是提高科技创新能力的基础和保障。科技金融正是在这样一种背景下产生和发展起来的。科技金融体系是促进科技开发、成果转化和高新技术产业发展的一系列金融工具、金融制度、金融政策与金融服务的系统性、创新性安排，是由向科学与技术创新活动提供金融资源的企业、市场、社会中介机构（银行、证券公司、保险公司及金融中介机构等各种金融主体）及其在科技创新融资过程中的行为活动共同组成的体系，是国家科技创新体系和金融体系的重要组成部分。科技金融体系是一个复杂的系统，包括若干子系统。

1. 商业银行信贷市场

商业银行在为科技型中小企业提供信贷资金支持方面发挥着重要作用。由于我国实行的是以间接融资为主的金融体系，商业银行在其中发挥着关键作用，因此商业银行的信贷投入对科技型中小企业的发展至关重要。国务院、中国人民银行和中国银保监会等监管机构出台了多个文件来鼓励商业银行支持科技型中小企业的发展，除此之外，商业银行还可以开展固定资产投资贷款、研究开发费用贷款；在抵押品的选择上，允许科技型中小企业用固定资产抵押，也可以根据科技型中小企业轻资本、重无形资产的特征，允许科技型中小企业使用其所拥有的知识产权进行质押融资，从而提高科技型中小企业获得银行贷款的灵活性和便利性。

2. 债券市场

随着相关金融监管政策的放开，中小企业已经可以发行短期融资券和中期票据。债券市场是发行和买卖债券的场所，是国家金融体系中不可或缺的部分，也是传导中央银行货币政策的重要载体。债券市场具有融资功能、资金流动导向功能和宏观调控功能。一个统一、成熟的债券市场可以为全社会的投资者和筹资者提供低风险的投融资工具。

3. 股权交易市场

我国构建了以证券交易所场内市场为龙头、以股份转让代办系统和产权交易所为基础的科技型中小企业股权流通市场。目前，我国在证券交易所推出的涉及科技型中小企业的板块主要有中小企业板和创业板。据统计，在中小企业板上市的公司中，科技型企业占70%以上；在创业板上市的公司中，科技型中小企业占90%以上。在证券交易所之外的场外市场，我国推出了中关村股权代办转让系统，为包括科技型中小企业在内的所有企业提供股权转让等相关服务。

4. 股权投资基金

我国在支持科技型中小企业发展的过程中，借鉴国际经验，把加强股权投资基金对科技型中小企业的支持作为重要内容。为此，我国出台了一系列促进股权投资基金发展壮大的支持政策，这些政策主要分为以下两类。

（1）通过设立中小企业创新基金或产业引导基金，直接或间接为科技型中小企业提供资金支持，如贷款贴息、无偿资助、资本金投入、产业投资引导基金等。

（2）为股权投资基金设立和运营提供政策支持，特别是北京、天津、深圳、上海、重庆等地，把股权投资基金作为争取地方性金融中心的重要举措，出台的相关措施也较为全面。

5. 保险公司

保险是（市场经济条件下）风险管理的基本手段，是金融体系和社会保障体系的重要支柱，也是在满足合同条件时（对发生合同约定的可能发生的事故所造成的财产损失承担赔偿保险金责任时，或者被保险人死亡、伤残、疾病或者达到合同约定的年龄、期限等条件时）保险人向被保险人支付保险金的行为。保险在经济上是分摊事故损失的财务安排，在法律上是一方同意补偿另一方损失的合同行为，在社会上是社会经济保障制度的组成部分，在风险管理上是基本方法。保险公司是采用公司组织形式的保险人，经营保险业务。保险公司享有收取保险费、建立保险费基金的权利。同时，当保险事故发生后，有义务赔偿被保险人的经济损失。保险公司的主要类型为股份保险公司、相互保险公司和专属保险公司。

科技保险业务是中国保监会和科技部于 2006 年联合推出的，主要目的是分散高技术创新风险，激励企业自主创新。

6. 信用担保机构

信用担保是指企业在向银行融通资金的过程中，根据合同约定，由依法设立的担保机构以担保的方式为债务人提供担保，在债务人不能依约履行债务时，由担保机构承担合同约定的偿还责任，从而保障银行债权实现的一种金融支持方式。信用担保的本质是保障和提升价值实现的人格化的社会物质关系。信用担保属于第三方担保，其基本功能是保障债权实现，促进资金融通和其他生产要素的流通。目前，我国所有省（市）都设立了省级信用担保公司，为大批科技型中小企业融资提供了担保。为了降低信用担保机构运行的风险，保障这些机构的正常运行，中央和地方财政也拿出了部分资金，为信用担保机构承担的理赔损失提供了一定的风险补偿。另外，为了提高财政资金的使用效率，一些地方政府财政部门也与信用担保机构合作，将部分财政资金委托信用担保机构运营，按照政府的相关标准和要求，为符合条件的科技型中小企业提供信用担保业务。

在我国科技金融体系建设中，政府不断创新资本投入方式，以撬动社会资本为主、财政税收优惠为辅，创造扶持战略性新兴产业发展的政策环境。

科技促进金融发展，金融助推科技进步，从科技金融体系主要参与者——政府、银行类金融机构、非银行类金融机构的视角来观察，我国科技金融的发展具备的基本特征包括以下两方面。

第一，出台政策利好，支持科技金融发展。政府出台了关于风险补偿、知识产权、中小企业信用担保、股权投资市场等方面的相关文件，旨在建立多层次、全方位的保障体系，为企业提供良好的融资环境。提高资金使用效率，如以高效利用政府资金为导向，利用杠杆效应撬动更多社会资本投资科技型中小企业。政府在科技金融体系建设中就像一个规划者和引导者，以政策利好、财政补贴为导向，鼓励金融机构向中小企业倾斜资金资源，助推企业发展。

第二，银行创新金融产品，全方位服务科技型中小企业。无论是政策性银行、国有大型银行还是地方性商业银行，都要抓住国家支持中小企业尤其是科技型中小企业发展的战略机遇，通过创新金融产品、审批流程、服务模式等为企业提供全方位、覆盖整个生命周期的金融服务。

（三）吉林省深入实施科技金融助力工程

为了培养吉林省科技金融服务企业新模式，促进科技金融深度融合，培育更多科技创新和科技成果转化主体，打好创新主体阵地战，2021年，吉林省科技厅与吉林银行就助力科技企业实现高质量发展签订了战略合作协议（以下简称"协议"）。自协议签订以来，双方将科技金融服务企业上升为"一把手"工程[①]，不断完善工作机制、丰富服务内容、创新服务模式，取得了明显成效。截至2022年第一季度，吉林银行累计为科技型企业投放贷款114.77亿元，有力地促进了企业创新发展。

第一，加强信息共享，建立健全工作互动协同新机制。为确保协议有效落实，吉林省科技厅和吉林银行分别指定了工作责任部门和联系人，负责相关工作的落实和日常联络沟通。吉林省科技厅不定期向吉林银行提供科技企业名单、企业融资需求、企业科技创新成果等有关信息，吉林银行不定期向

---

① 各级各部门为了全面推进各项工作的落实，提出了实施"一把手"工程，具体指某个地方或单位根据最高行政长官的个人意愿搞的一项工程或活动。

吉林省科技厅提供银行优惠政策、科技金融新产品等业务信息，并经常举办业务交流、专项业务协商、专项政策培训、科技项目路演等活动，加强双方信息共享，强化双方互动协作，提升双方专业服务能力，为进一步优化企业服务创造条件。自协议签订以来，吉林省科技厅不断向吉林银行提供科技型中小企业、科技小巨人企业、高新技术企业等科技企业相关信息，并与吉林银行多次联合举办活动，进一步增强了双方为企业提供金融服务的能力。

第二，紧盯企业需求，持续研发科技金融专属新产品。根据协议和企业需求，吉林省科技厅配合吉林银行积极打造科技企业专属服务品牌，着力构建与科技企业经营特点及生命周期相适应的产品服务体系，先后研发了"科创金融，吉享未来"系列产品，以纯信用产品为主，下设"创客贷""初创贷""成长通""吉翔通""菁英贷"五个子系列产品，适用于科技企业种子期、初创期、成长期、成熟期不同成长阶段。同时，吉林银行根据省科技厅提供的企业信息，对各类科研机构、科技型中小企业、科技小巨人企业、高新技术企业等给予"四免三贴"政策，免评估费、保险费、公证费、抵押登记费，优先给予工会贴息、创业担保贴息等一系列创新服务举措，并开通绿色审批通道，实行额度优先、审批优先、投放优先，增强科技企业的政策获得感，坚定企业创新发展的信心。

第三，发挥各自优势，创建科技金融服务企业新模式。为提高服务科技企业融资工作效率，吉林省科技厅协调组建了由吉林大学、光机所、应化所、长春理工大学等高校院所副教授（副研究员）以上职称参加的专家团队，帮助吉林银行把好技术关，从技术门槛、竞争力和生命周期三方面研判企业核心（关键）技术，促进银企高效对接。吉林银行打破以财务指标判定信用方式的投放标准，重点关注企业的未来成长性，提高科技企业融资成功率；并积极构建债权加远期股权期权方式的盈利模式，用信用信贷支持换取科技企业远期股权期权，在首次公开募股之前以约定价格入股科技企业，待增值后再以合理的价格将股份转让给科技企业创始团队或控股股东，收回投资收益，实现了银企共赢，确保科技金融融合工作持续深入健康发展。

第二章 科技金融的服务与运行

第一节 科技金融、经济与产业

一、吉林省科技、金融与产业的融合发展

（一）加快吉林省科技与产业融合

科技与产业的融合本质是科技的产业化。当前，吉林省要发展创新型经济，推动科技与产业融合发展，必须走学习借鉴经验、追赶发展经验和跨越式发展的途径，以科技园区为载体，有针对性地聚集一批国内外高校、科研院所在园区设立科技成果转化产业化基地，以企业为主体，以专业为依托，以科技人才为支撑，推动产学研紧密合作，推进本土高校管理体制改革，加强校企交流合作，实现科技与产业的有效融合。

（二）加快吉林省金融与科技融合

加强科技和金融紧密合作，建立科技与金融互动机制，促进各类创新要素尤其是金融要素、资本要素向科技园区、科技平台和科技型企业集聚，推动创新型经济提速发展。科技与金融的关系中，科技企业是基础，金融资本是主导。科技金融主要涉及科技贷款和风险创投两种方式。

吉林省过去 30 年习惯了加工制造，为此吉林省推动科技与金融的融合，应立足吉林省产业实际，借鉴苏州、深圳、杭州等城市的经验，着力加强科技创新与现代金融意识，加快完善相关科技金融政策，创新科技金融工具，

重点建立一套以政府科技风险投资引导基金和科技担保基金为引导，以金融机构、科技创投公司（子基金）、科技孵化器和科技企业为主体，以上市融资和产权交易（企业并购）为支撑，推动社会资本（银行资本和民间资本）广泛参与的多元化科技投融资机制。

（三）加快吉林省金融与产业融合

加快金融与产业融合发展，是坚持金融服务实体经济要求，促进产业裂变的原动力，是助推创新型经济发展的提速器。吉林省当前的金融体系已经不能满足吉林省产业发展的需要，因此在金融支持实体经济发展上，吉林省还有相当大的潜力。

吉林省加快金融与产业融合发展，重点要加快建设两大金融基地，推动金融资源整合，打造金融支持创新型经济的示范区；发展创新型金融组织，增加地方金融供给，加强金融对重点产业和新兴产业的服务力度；搭建金融合作平台，支持企业转型升级。

二、科技金融效率与实体经济增长

（一）金融效率与经济增长的关系

金融效率指的是金融投入和金融产出之间的具体关系，也可以把金融效率理解成金融系统在经济提升方面发挥的作用。金融效率属于综合性概念，在分析金融效率时，可以从多个角度出发对其进行分类。如果站在金融系统功能的层面分析金融效率，可以发现金融效率主要是从以下几方面发挥作用来影响经济增长。

第一，经济资源可以借助金融系统实现跨时空转移。在这种情况下，金融系统本身的工作效率就会对经济增长程度产生直接影响，而金融系统的工作效率主要受到两方面的影响：一方面是金融系统是否能够满足经济部门提出的资金需求；另一方面是金融系统是否能够做到资金的科学配置。如果经济系统没有办法满足重要生产部门提出的资金需求，或者经济系统在重要生产部门投入了过多的资金，那么就可以认为该经济系统实现不了较高的资金配置效率。如果金融系统能够以较高的资金配置效率工作，那么社会融资成本将会有所降低，社会经济也会受到良好的推动实现有效增长。

第二，金融系统使用的风险管理机制在一定程度上为经济发展提供了保障。如果金融系统风险管理机制可以以较高的效率工作，那么经济体系的一些非系统性风险就可以得到有效的分散，这有利于经济的稳定发展。相反，如果金融系统风险管理机制不能以较高的效率工作，那么就可能会出现金融风险，从而不利于经济稳定增长。

第三，金融系统在金融信息处理方面的工作效率会影响经济增长。金融交易各方可以借助金融系统进行资金清算。与此同时，交易各方也可以从金融系统中了解相关的价格信息。金融系统提供的信息有助于经济部门更好地作出决策。如果金融系统可以以较高的效率处理信息，那么经济交易也更容易达成，这在一定程度上有助于经济增长。

（二）科技金融效率对实体经济增长的影响

实体经济①是与物质财富生产、文化服务消费等直接相关的经济活动，是社会生产财富直接和集中的体现。科技金融效率的提升对知识创新与技术进步起着至关重要的作用，而知识与技术是实现实体经济增长的核心驱动力。

第一，科技金融效率通过对知识创新的影响来促进实体经济增长。当科技金融对高校和科研机构的投入较为高效时，高校和科研机构在知识创新方面的产出水平会有所提高。而知识创新一般具有外溢性，会使社会普遍受益，从而间接推动实体经济发展。

第二，科技金融效率的提升可以加快技术成果的转化，从而不断提高生产力要素的科技水平与它们的结合程度。技术成果的转化不仅有助于优化企业的生产流程，提升产出效率，还有助于提升产品质量，从而提高实体经济的产出水平与质量。

第三，科技金融效率对全社会劳动者的整体素质有极大的影响，从而间

---

① 实体经济是指国内生产总值中扣除金融业与房地产业增加值的部分，由以制造业为核心的物质生产行业和服务行业组成。

接影响经济产出。劳动力的科学技术素养决定了企业生产活动的效益，现代化技术经济不同于以往的简单工业经济，生产活动对劳动者的科技素养有着更高的要求。科技金融效率的提升不仅会提升劳动者的知识水平，还能提高劳动者与劳动手段的结合程度，使得生产效率得以提高，进而提高实体经济产出水平。

第四，科技金融效率提升对加快我国经济产业结构升级起重要作用。科技金融高效，必然推动我国高新技术行业的快速发展，从而实现经济模式从劳动密集型向技术密集型转变，这使得实体经济能获得更高质量的发展，进而在国际经济竞争中占据有利地位。

第五，科技金融效率对金融科技的影响会使金融科技发展水平得到提高，进而反作用于科技金融，产生循环促进作用。近些年来，随着科技水平的不断提高，金融行业积极探索金融与科技结合的模式，金融科技应运而生。金融科技让金融行业的业务能力与效率得到了极大提升，使得金融行业更加看重科技的发展，金融科技在金融行业开始受到广泛的关注，更多的金融资源开始向科技倾斜，这种循环促进作用也使得实体经济能更加高效地发展。

（三）完善科技金融效率对实体经济增长影响的建议

第一，完善和优化当前的科技金融体系，为科技金融发展探索出更多发展模式。我国现在的科技金融体系已经相对完善，内部包括科技银行、科技资本市场、科技保险以及科技担保等内容。政府也在政策方面给予了很多支持，呼吁社会资本为科技企业的发展提供金融服务。各地区在发展的过程中，应该以本地区的产业结构、地理位置以及人文环境为发展基础，学习和参考优秀的金融发展模式，构建出具有本地区特点、能够推动本地区科技行业更好更快发展的金融模式。

第二，国家应该关注科技金融的发展情况，为科技金融的稳定协调发展提供政策保障，各地区也应该针对地区的实际发展情况设置配套的政策。最近几年，科技金融工作主要是在东部地区开展，东部地区在科技金融发展方面也获得了很多国家政策的支持。所以，总体来看，东部地区在科技金融方面的发展比较迅速。在这种情况下，为了保证我国科技金融整体协调发展，国家应该让政策和资金更多地向西部地区倾斜，以此来加快西部地区科技金融的发展步伐。

第三，同时注重科技金融规模的扩大和效率的提升。在规模不断扩大、效率不断提升的情况下，科技成果可以加速转化。各地区开展创新活动、经济转型活动的时候，应该让经济转型朝着科技产业的方向发展，这有助于地区完善经济结构，创办科技实体产业，带动经济快速增长；与此同时，也能推动各个行业和科技之间的结合，帮助各个行业进行产业升级。

三、科技金融与吉林省经济动能转换

吉林省科技金融发展的核心是金融与创新，从金融服务创新、金融机构创新、金融产品创新、金融监管创新、人才体制创新和双多边合作体系，全方位打造资本投资、金融信息化、社会信用体系、专业人才、风险管控支撑等多方位评价体系，提出促进地方金融与科技融合发展的举措。

第一，搭建科技金融服务平台。金融是科技创新发展至关重要的影响因素之一，只有在金融行业参与的情况下，科技创新发展才能获得资金支持，政府才能通过资金将各类型的科技产业聚集起来。吉林省政府应搭建科技金融服务平台，发挥平台的聚集作用，整合资源，为资源的提供者和使用者提供对接服务。平台打造完成后，可以聚集企业资源、科技银行资源、科技保险资源、风险投资机构资源以及证券基金资源等。资源聚集完成后，平台可以在区域内为科技金融的发展提供服务，可以为科技金融创新提供更优质的投资环境和融资环境。

第二，构建统一形式的企业评级体系。吉林省政府可以呼吁专业数据运营企业积极与其他企业合作，将企业评级数据应用在市场化运营中，让企业数据发挥更大的作用。政府应该从政策、服务以及证明发放等方面提供支持；应该做好领导和呼吁工作，号召企业中介机构以及个人利用政府提供的公共数据，挖掘数据的价值。与此同时，吉林省政府应该允许数据运营企业在不违反法律的要求、接受监督监管的情况下，合理运用企业数据，这有助于社会经济更好地发展。

第三，吉林省应该引进科技企业风险投资机构。虽然规模不大的科技企

业在拥有高科技的情况下获得了较大的收益，但也面临较大的风险。这类企业和其他企业的不同之处在于它们拥有更多的知识产权，企业拥有的知识产权让企业表现出了更强的竞争力。吉林省政府可以为科技企业风险投资机构提供更优质的招商奖励，这样风险投资机构才能被吸引到吉林省落户。

第四，加快科技信贷产品的开发速度，注重科技信贷产品的创新开发。科技信贷指的是专门为科技创新发展提供支持的信贷产品或者信贷服务。科技信贷产品有很多的类型，比如知识产权类产品、创新创业类产品、研发类产品、重点企业类产品、供应链类产品、园区类产品、银税互动类产品，等等。

吉林省可以为科技企业提供个性化服务，满足它们提出的金融发展的需要。比如，吉林省可以提供更加方便、更加详细的科技信贷创新产品，也可以提供能够同时结算和授信的定制化科技信贷产品，以便让科技企业解决发展过程中面临的"两高一轻"① 问题，为企业发展提供更需要的核心技术支持，提升企业的创新能力，让企业发展成为符合国家发展战略需要的高质量科技创新企业。吉林省还可以专门为优质科技企业的发展提供资金支持，让其在市场当中售卖企业股份，同时还应设置股份的售卖限额。通常情况下，不应该超过10%。股份售卖可以帮助企业在一定程度上规避风险。除此之外，上市公司也可以引入国有资本，以避免企业面临资金压力。

四、科技金融投入、技术转移与区域产业升级

（一）科技金融投入对区域产业升级的作用机制

科技与金融的深度融合是实现科技金融持续发展的关键。在创新发展战略背景下，科技金融投入对推动产业升级具有重要作用，科技金融的大力发展可以积累大量的资本，形成高流动性资金，从而为产业良性发展奠定资本基础。科技金融投入也能够推动科技创新，提高科技成果向现实生产力转化的速度，优化、调整产业结构，促使全产业升级，具体表现在以下两方面。

1. 科技金融投入助推高新技术产业的形成

在科技领域投入资金可以加速高新技术产业的发展，可以在更大的范围

---

① 高人力成本、高研发投入、轻资产。

内推广生物技术、信息技术等，技术的推广与应用能够带动社会发展。通过分析产业分布可以发现：高新技术一般情况下应用于第二产业以及第三产业比较多，第二产业和第三产业本身就涉及较多的知识和技术，应用高新技术之后，这些产业的自身结构就会有所优化、有所完善，产业也会慢慢地完成升级。

高新技术产业显现出的较强的扩散效应会使得先进技术、先进资源慢慢地向周边相对落后的地区扩散。也就是说，高新技术产业可以慢慢地带动其他产业的发展，让其他产业更好地完成转型、升级和成长。在高新技术产业不断扩散的情况下，整个第二产业或第三产业的发展规模会有所扩大，发展水平会有所提升，产业也会逐渐升级。

科技金融的加入可以让高新技术产业的扩散进程加快，可以让高新技术产业的发展得到更多的资金支持，也能为高新技术企业的发展提供更强大的创新驱动力。在高新技术产业发展的起步阶段，政策提供的金融政策方面的帮助以及天使投资提供的帮助可以为研发工作的开展提供资金。在后期完成研发之后，如果想要让产品成功地进行市场化推广，转化成具体的成果，就需要使用更多元的融资方式来填补资金缺口。其他途径的资金支持可以帮助高新技术产业减轻一部分资金压力。

2. 科技金融投入催生和支持新兴产业发展

新兴产业技术水平比较高，而且产业附加值比较高，所以聚集了很多知识、技术，产业发展也产生了较高的经济效益。在新兴产业快速发展的情况下，传统产业会受到一定影响，传统产业会加速完成自身的转型和升级。在这样的过程中，一部分社会劳动力会被淘汰。与此同时，新兴产业的出现会产生更大的劳动力需求。而且，新兴产业提供的工资水平比较高，会使很多劳动力流向新兴产业。

因为新兴产业面临较高的风险，而且自身资产比较少，所以很难成功申请到银行贷款。虽然新兴产业的发展速度比较快，也能够获得更大的收益，但是它的发展充满了不确定性，面临的风险也比较高。银行在考虑这一方面的影响之后，不会轻易地发放创业贷款，这就导致新兴产业很难市场化。所以，地方政府如果想推进新兴产业更好发展，就必须为其提供金融支持。

新兴产业发展到不同的阶段，面临的风险也会不同，所以在不同的发展阶段，新兴产业的资金提供者也会面临不同程度的风险。在发展初期或者成长期，新兴产业未来的发展方向、发展程度都充满了不确定性，这时发展风险比较高，资金提供者也要面临较大的风险，所以银行等机构通常不愿意为初期或者成长期企业提供信贷支持。也就是说，新兴产业在发展初期以及成长期将面临较多的资金问题，这时地方政府应该给予政策性帮助。与此同时，地方政府也应该借助政策性金融投资主体本身的社会名望，号召和吸引其他的社会资本关注新兴产业。如果新兴产业没有办法获得商业性金融机构提供的资金，也没有办法获得政策性资金，那么新兴产业还可以借助市场获取资金。在新兴产业获取资金支持之后，各项技术更容易转化成产业化的实际成果。

除此之外，科技金融还可以发挥信息处理作用，让信息在金融机构和新兴企业之间更好地流通，避免信息不对称，这在一定程度上有助于新兴产业更快地获取资金支持。科技金融除了提供资金，也能够提供其他服务，帮助新兴产业更好地平衡技术收益和企业发展风险。

（二）技术转移对区域产业升级的作用机制

技术转移是促进科技与经济相结合的重要手段，是调整产业结构和促进经济转型升级的重要抓手。目前，全球正处于产业结构调整的关键时期，加快技术转移，推动科技成果商业化和产业化，加强科技创新与产业领域的深度融合，有利于激发产业活力，推进产业转型升级，具体表现在以下两个方面。

1. 技术转移促进科技成果转化，推动区域产业升级

技术转移需要不同的主体开展合作。首先是技术开发阶段。举例来说，高校和企业需要开展技术开发方面的合作，二者的合作有助于高校获得更多的研发资金，也有助于企业获取更多的科研成果。企业在获取技术创新成果后，也会获得更大的发展动力，能够产出附加值更高的产品，企业能够借助技术创新完成产业升级。

其次是技术传播阶段。在该阶段，需要将技术转化为成果，技术需要脱离实验室步入市场，在进行一系列的技术实验、技术开发以及技术应用之后，

企业就可以慢慢地创造出全新的产品或者打造全新的产业。技术转移有很多种方式，如企业之间的技术分享、技术售卖，或科研主体和企业合作完成技术转移。科技成果能否在实际当中完成应用直接影响到企业能否转型升级成功。想要打破企业之间的技术壁垒，需要依赖科技创新以及科技成果的转化。科技创新不仅可能打破技术壁垒，甚至可能创造出全新的产业链条。

最后是技术广泛应用阶段。该阶段指的是产品的量化生产阶段。发展到该阶段代表技术应用已经相对成熟，已经可以借助技术开展规模化的产品生产，技术已经在产品生产当中展现出了自身的价值及作用。

2. 技术转移推动落后产业转移，促进区域产业升级

在自主创新能力不足的情况下，落后产业可以选择与高校、科研机构协同合作，提升自身创新能力，提高生产效率，也可以选择引进高新技术，培育新业态，提高产业发展能级，推动产业升级。总之，传统落后产业可以以技术转移方式，解决产业的技术难题，增强自身核心优势，促使产业结构向上突破，最终实现整个产业的优化升级。

（三）科技金融投入与技术转移融合对区域产业升级的作用机制

任何产业的发展都需要创新，都需要金融提供支持。创新可以从内部发挥作用，助推产业转型和升级，让产业结构得到改善、产业规模得以扩大。金融是产业转型升级过程当中的外在助推力，只有拥有金融的支持，技术才能真正应用于实体产业。无论是什么技术，其研究与发展都需要金融提供支持。只有当科技和金融充分融合之后，新型企业的发展才能获得潜能和动力，企业才能创新发展，才能有活力完成生产方式的转变，真正做到产业转型升级。

技术转移是指在不同主体之间进行技术转换，以此来实现技术创新。技术创新之后，劳动生产率会有所提升，产品会被成功地推向市场，会为企业带来更多的经济效益。技术转移需要科技金融提供资金和其他方面的服务支持。

科技和金融之间本就是互相帮助、互相依存的关系。在二者的关系中，金融更多是为科技发展服务，金融应该发挥催化剂的作用，加速企业科技成果的转化，创造出全新的产业形式，使企业尽快完成产业转型升级。具体来讲，科技金融和技术转移二者之间的组合，主要在以下几个方面发挥作用：

第一，科技金融可以让整个技术转移过程提出的资金需求得到有效满足。科技金融和技术转移的结合可以更好地推进区域产业升级。技术转移发展到不同的阶段时，显现出的特征性质是不同的，需要的资金也是不同的。不仅如此，技术转移需要较长时间地运用资金。所以，只有灵活使用金融手段才能满足技术转移期间提出的资金需要。科技金融可以运用的金融方式比较多，举例来说，可以使用上市融资方式、金融机构贷款方式、政府资金资助方式。多种多样的金融方式可以满足技术转移在不同阶段的资金需要，也能保证技术转移顺利完成。在完成技术转移之后，科技成果可以较快地应用到实际的规模化生产中，这有助于产业的转型以及新产业的形成。

第二，科技金融的加入在一定程度上使技术转移的信息成本有所降低。科技金融除了提供资金支持，也提供其他方面的服务，如增值服务、信息处理服务，这在一定程度上降低了技术转移所消耗的信息成本。

除此之外，科技金融的加入真正做到了科技企业和银行等金融机构之间的信息平衡、信息对称。当技术转移过程推进到中后期阶段时，科技企业需要更多的资金，但是由于企业还没有真正在市场范围内推广技术，技术还没有在市场中累积一定的声望，所以，银行对企业的了解是不充分的，银行和企业之间的信息也是不对称的。在这样的情况下，银行没有办法准确衡量企业当前的价值以及企业后续发展可能遇到的风险。但科技金融不同，科技金融可以借助其他方式帮助企业提升自身的专业水平。举例来说，科技金融可以帮助企业构建适合运营和发展的金融合约，也可以为企业提供全方位的管理咨询服务。在科技金融的帮助下，科技型企业和银行等金融机构之间的信息会变得对称。

（四）优化科技金融投入、技术转移升级区域产业的建议

第一，重点发挥技术转移以及科技金融投入所具有的空间溢出效应，让它们更好地带动本地区以及周围其他地区的技术发展。不同地区之间存在多方面的联系，当某一个地区进行产业升级时，其他地区也会不可避免地受到

影响。所以，在分析技术转移或者科技金融投入时，需要结合其他地区系统地分析。只有充分考虑不同地区之间的溢出效应之后，才能更好地制定政策，使用适合的方法，让技术转移以及科技金融投入发挥正向溢出效应，带动周边地区同时开展产业升级。不同地区之间的联动需要各地区的政府加强联系，建立行政关系，打破之前不同地区之间存在的壁垒。而且各地区的政府也应该尽量减少资源配置方面的制约，要尽可能地向市场投放更多的要素红利，这样才能真正做到科学有效配置资源，产业升级才能得到有效推动。

第二，从整体角度设计科技金融体系，创造更好的金融环境。政府应该积极引领科技金融的发展，并且为科技金融的发展提供好的发展环境。除此之外，政府应该注重科技金融服务体系的优化与完善，为科技金融交易提供平台，规定科技金融交易的具体步骤，使得信息更易于分享、传递。与此同时，各地区政府还应该根据实际情况制定不同阶段的发展目标，加强部门之间的联系，按照阶段发展目标的指引制定相关政策，开展具体行动，真正推动科技金融更好地发展。

第三，注重技术转移发展速度以及发展质量的提升，让科技成果以较快的速度转化成产品。想要提升技术转移速度需要加强基础研究主体之间的合作以及交流。政府应该在这一过程中发挥组织作用、推动作用，鼓励和号召研究主体之间展开合作，如鼓励大学、企业之间进行充分的交流。除了注重主体之间的充分交流，地方政府还应该加强对技术市场的管理，保证市场有序发展、稳定发展，构建出完善的技术市场管理体系。只有技术市场充分发挥作用，技术转移才能有转移渠道，技术才能更成功地转化为科技成果。

第四，科技金融和技术转移应该做到协调发展，只有二者的发展速度相匹配，区域产业升级才能更好地完成，任何一方过于领先或过于落后都不利于产业升级。只有二者相互依存，相互辅助，金融资源才能得到合理分配，技术壁垒才能被打破，科技型企业才能更好地成长。

第二节　科技金融的服务

科技金融服务具有很强的综合性，既包括满足科技企业融资需求的金融、资本等产品服务，也包括中介性的融资战略咨询、融资代理、股权融资咨询等服务；科技金融服务专业性强，除前面涉及的服务，还需要企业评估、信用评估、担保、审计等专门的服务；科技金融服务需要各种服务的配套，这些服务只有经过某种协作方式形成综合服务，才能满足企业融资的需要。这就像产品的经营，零部件经过某种专业化协作形式，形成系列化产品，以此来满足用户的需求。科技金融服务应当怎样协作，这就需要研究和探索科技金融服务的整合问题。

一、科技金融服务的功能

（一）促进投融资功能

金融服务的一个重要内容是为促进金融资本与科技资源有效结合提供服务。通过市场化运作，针对企业的需求，金融机构和投资机构通过创新融资服务和融资模式，将融资业务品种，如贷款、评估、担保、咨询、结算等服务介绍给企业；不断丰富业务产品体系，不断拓宽科技产业化投融资渠道；完善科技金融服务方式，突破阻碍科技型企业创新发展的融资瓶颈，促进科技型企业金融服务机制的建立和发展，最终加快科技金融供需双方"无缝对接"的实现。科技金融服务，通过专业的、有针对性的咨询、辅导、风险分担服务等，能够降低科技型企业的融资门槛。科技型企业的相关项目也能更简单、更快捷地寻找到融资渠道，减少了融资的风险。

（二）引导与催化功能

科技企业之间的融资需求往往存在差异，这些需求有时与金融资本产品的特点不相符，科技金融服务需要有针对性地对企业进行辅导，即引导企业融资需求，促进金融资本产品的交易。科技金融服务体系中的一些中介服务机构，如小额贷款机构、中小企业担保机构、风险投资机构等利用自有充裕的资金通过贷款、担保、参股等方式为区域内的科技型企业提供支持。特别是对处于创业初期和发展期的科技型企业有针对性地予以资助，通过强化天使投资、风险投资、私募股权投资的作用，体现其引导功能。此外，在科技金融服务实践中，有一些地方的政府或民间机构担保基金、风险池，较好地引导金融资本进入科技企业，对科技企业的发展起到了催化作用。

（三）综合服务功能

金融服务是一项综合性很强的服务，如融资战略咨询服务、融资代理服务、企业咨询服务、企业评估服务、信用评估及服务、担保服务、财务审计服务……这些服务中的单独一项服务往往满足不了融资企业的需要，需要综合这些服务形成综合服务的形式进行服务项目的配套。也就是说，金融服务既要有面向科技企业提供金融资本产品的服务，也要有面向相关服务项目进行协作、配套的服务。这样的突出特点是专业性强、业务流程复杂，综合程度高。

（四）促进创新功能

科技企业在发展中常常表现出不同的发展特征，如有的处于种子期，有的处于发展期，还有些处于成熟期。具有不同发展特征的科技企业的融资需求以及融资条件，往往不同，这就需要针对具体情况提供相关服务。如美国硅谷银行开展金融服务的成功做法之一是，分阶段、分行业为创业企业提供融资服务，根据创业企业在不同阶段的融资需求，量身定制各种金融产品，为创业企业提供融资服务。这样，一方面能够有效降低融资服务产生的风险，另一方面也能有力地促进科技企业创新发展。此外，金融服务体系也在服务中实现了创新，包括服务产品创新、服务方式创新。

二、科技金融服务的内容

科技金融服务是综合性的服务，既需要面向科技企业提供融资服务，也需要形成服务的配套。从企业融资渠道来看，融资方式一般包括间接融资和直接融资两类。间接融资又包括从银行金融机构借款、从其他金融机构借款，以及融资租赁等；直接融资则包括通过证券市场募集股份、面向特定投资人的定向股本募集、接受风险投资等投资机构的投资。间接融资的服务从根本上讲是为实现对融资产品交易的中介保证服务，其服务方向是双向的，既包括对融资产品受让方（企业）的服务，也包括对融资产品出让方（金融机构）的服务。从这个意义上讲，服务应当具有中介、保证作用。直接融资服务的根本任务是要促进企业资源向资本的转化，促进投资人发现企业或企业资源的价值，进而实施投资。其服务方向也是双向的，其核心是帮助投资人发现企业的价值，帮助企业可持续地转化资本。

（一）金融产品服务

（1）银行金融机构金融产品服务。如银行金融机构、小额贷款公司等民间金融机构的信贷产品服务。

（2）风险投资服务。如风险投资公司、信托投资公司及天使基金、种子基金等经营机构提供的风险投资服务。

（二）融资中介服务

（1）融资战略咨询服务。其包括企业融资方案策划、融资方案咨询、融资管理咨询等服务。

（2）融资代理服务。其包括企业融资业务申报代理、融资审批业务代理、资金使用监督业务代理等服务。

（3）股权融资咨询服务。如企业股票上市辅导咨询服务、股份募集辅导服务。

（4）企业债券融资服务。主要是企业发行债券的咨询、辅导服务。

（5）企业咨询服务。主要包括融资业务培训、专业人员培训等服务。

（三）专业服务

（1）企业评估服务。包括知识产权价值评估、财产价值评估、企业成长性评估等服务。

（2）信用评估及服务。包括企业融资信用评估、企业信用征信及信用信息使用管理等服务。

（3）担保服务。主要是运用担保工具提供融资信用保证服务。

（4）财务审计服务。主要是为降低信贷及投资风险提供财务信息鉴证服务。

（5）法律服务。主要是为降低信贷及投资风险提供法律咨询、法律顾问等服务。

（6）信用风险保险服务。主要是为分散信贷及投资风险，以信用风险产品提供保险服务。

（四）系统服务

（1）系统综合信息服务。包括面向科技企业、金融机构、专业服务机构等的服务产品供求信息展示、政策信息展示等服务。

（2）服务项目协作服务。包括服务项目协作、配套信息的推送，项目跟踪等服务。

（3）系统运营服务。如会员制或柜台式服务系统的系统运营服务。

（4）系统管理服务。主要是为保证系统运营，对系统使用者资格认定、权限及系统使用的管理服务。

三、科技金融服务的投资方式

（一）债权融资服务

债权融资是指企业有偿使用外部资金，以债务人的身份获得资金的使用权利。通过债权融资所获得的资金，企业应按照约定在借款到期后向债权人偿还资金的本金，并承担资金使用期限内的利息。具体包括银行信贷产品、贸易融资、民间借贷、境外借款、发行债券、项目融资、政策融资、融资租赁等形式。下面重点讲前两种。

1. 银行信贷产品

金融行业是经营金融商品的特殊行业，它分成银行业、证券业和保险业。具体而言，银行业又包括国有大型商业银行、邮政储蓄银行、股份制商业银行、城市商业银行、农村商业银行、农村合作银行和农村信用社、政策性银行、资产管理公司、信托投资公司、金融租赁公司、集团财务公司等。证券业包括证券公司、基金管理公司、期货经纪公司以及证券期货投资咨询机构等。保险业包括保险公司、保险集团公司、保险控股公司、保险代理公司、保险经纪公司、保险公估公司等。

在资本市场发展较为完善的国家和地区，"金融脱媒"现象日益明显，企业拥有多元化的融资渠道。但在资本市场发育不完善的国家和地区，广大企业尤其是中小企业的资金融通活动仍高度依赖银行体系。

（1）根据贷款期限划分，银行信贷产品可分为以下两种：

①活期贷款。活期贷款又称通知贷款，偿还期限不固定，通常用于商业银行分支机构之间的资金调度或银行与其他金融机构之间的资金往来。

②定期贷款。定期贷款是指固定偿还期限的贷款。

（2）根据贷款偿还方式划分，银行信贷产品可分为以下两种：

①一次性偿还贷款。一次性偿还贷款是指借款人在贷款到期时一次性还清贷款的本息。其一般适用于借款金额较小、借款期限较短的贷款。

②分期偿还贷款。分期偿还贷款是指借款人按贷款协议规定在还款期内分次偿还贷款，还款期结束，贷款全部还清。这种贷款适合于借款金额大、借款期限长的贷款项目。

（3）根据贷款对象划分，银行信贷产品可分为以下三种：

①工商企业贷款。工商企业贷款是指商业银行发放给工商企业的贷款。这类贷款占商业银行放出的款项份额最多。在我国，持有工商行政管理部门颁发的企业法人营业执照的借款人，向其注册地区的中国人民银行发证机关申领贷款证后可向银行申请此项贷款。

②消费者贷款。消费者贷款是指商业银行对消费者发放的用以满足其消费需要的贷款。

③金融机构贷款。金融机构贷款是指因临时性或季节性原因导致资金短缺的银行等金融机构向资金盈余的银行申请贷款，以提高其资产的流动性。

（4）根据银行发放贷款的自主程度划分，银行信贷产品可分为以下三种：

①自营贷款。自营贷款是指商业银行以合法方式筹集资金，按照借款人资料和风险评估自主发放的贷款，贷款风险及本金和利息的回收责任由商业银行自行承担。

②委托贷款。委托贷款是指由政府部门、企事业单位及个人等委托人提

供资金，由银行以受托人身份根据委托人确定的贷款对象、用途、金额等代为发放，监督借款人使用并协助委托人回收贷款。

③特定贷款。特定贷款又叫特殊贷款，在我国，是指国务院批准并对可能造成的损失采取相应的补救措施后，责令国有大型商业银行发放的贷款。特定贷款属于政策性的成分比较多，一般用于国有企业的重大设备改造项目、国家重点工程建设项目、国家重点扶贫项目、成套设备出口项目（卖方信贷）、国家重点科研项目等投资。

2. 贸易融资

贸易融资是在商品或服务贸易中，运用结构性短期融资工具，基于贸易中的存货、预付款、应收账款等资产进行的融资。工商银行的贸易融资产品根据贸易发生的地域可分为国际贸易融资产品和国内贸易融资产品两大类：国际贸易融资产品适用于客户的交易对手在国外的情况；国内贸易融资产品适用于客户（即借款人，下同）与交易对手均在国内的情况。贸易融资适用于在贸易中拥有能够用于质押或转让债项的客户。特别是对于本身资质欠佳，缺少合格的房地产、机器设备等传统抵质押品，同时又依托于大型核心企业供应链、具有优质债项的中小企业客户，贸易融资相比其他融资业务品种更能满足客户的融资需求。

（1）贸易融资的特色及优势。

第一，品种丰富。贸易融资产品丰富，覆盖国内外多种结算模式下企业在生产、销售等各个阶段的融资需求。

第二，方便快捷。贸易融资一般无须提供房地产、机器设备抵押或保证人担保，只需将经营过程当中现有的债项作为还款来源即可获取短期融资。

第三，客户覆盖广。与流动资金贷款等经营周转型贷款相比，贸易融资业务准入条件更低，能够涵盖大、中、小各类客户。

第四，多渠道交易。客户可通过营业网点或网上银行等渠道办理业务。

（2）贸易融资的办理流程。

第一，在柜面渠道，可按以下流程办理：①预约银行客户经理了解具体业务，并根据银行客户经理的要求提供相关材料；②银行客户经理展开尽职调查，并向上级行提交业务申请；③根据银行客户经理的提示，办理债权、商品等债项的转让、质押手续,开立必要的账户;④根据用款需要申请提款,银行根据监管要求支付款项。

第二,通过电子渠道,可按以下流程办理:①预约客户经理了解具体业务,并根据客户经理的要求提供相关材料开通企业网银、开立必要的账户,此项工作只需办理一次;②在企业网银端发起融资申请,并上传相关业务材料;③银行受理业务申请,并办理债权、商品等债项的转让、质押手续;④根据用款需要申请提款,银行根据监管要求支付款项。

(二) 股权融资服务——私募股权融资

股权融资[①]是企业融资的一个重要渠道,它与债权融资不同,债权融资融入的资金其所有权并不属于企业,企业只是获得了所融入资金的使用权,作为获得资金使用权的代价就是企业要付出利息。股权融资所融入资金的所有权属于企业法人,因此股权融资是一种直接融资方式。

与债权融资方式相比,股权融资的融资渠道也不同,股权融资是通过资本市场来进行的。股权融资的融资过程相对复杂,融资渠道有证券市场的公开市场发售,地方民间资本市场的私募发售,风险投资、信托投资等投资人的定向募集,而且不同资本市场所体现的融资及融资服务业务流程不同。科技金融服务必须适应科技企业的发展实际,形成多种市场,使金融及投资产品与中介服务之间有机联系,只有这样才能真正实现金融与科技的融合。

以私募股权融资为例,私募股权融资是中小科技型企业进行股权融资的主要方式。对于投资人而言,投资退出是私募股权投资的最终目标,也是实现盈利的重要环节。投资的退出需要借助资本经营手段来完成。一般而言,私募股权投资的退出有以下三种方式:

1. 首次公开上市的退出方式

首次公开上市是私募股权投资基金最向往的退出方式,它可以给私募股权投资人和被投资企业带来巨大的经济利益和社会效益。国内的例子有分众

---

① 股权融资是指企业的股东愿意让出部分企业所有权,通过企业增资的方式引进新的股东的融资方式。

传媒、携程网和如家快捷酒店等，这些企业的上市都给投资人带来了巨额回报。当然，企业管理层也很欢迎这种退出方式，因为它表明了金融市场对公司良好经营业绩的认可，又能维持公司的独立性，同时还使公司获得了在证券市场上持续融资的渠道。

2. 股权出售的退出方式

股权出售是指私募股权投资人将其所持有的企业股权出售给任何其他人，包括二手转让给其他投资机构、整体转让给其他战略投资者、所投资企业，或者该企业管理层从私募股权投资人手中赎回股权（回购）。

选择股权出售方式一般是因为被投资企业达不到上市的要求，无法公开出售其股份。尽管收益通常不及首次公开上市的退出方式，但私募股权投资人往往也能够收回全部投资，甚至还可获得可观的收益。

3. 企业清算的退出方式

企业清算是私募股权投资人在被投资企业无法继续经营时通过清算公司的方式退出投资。这是投资退出的最坏结果，往往只能收回部分投资。清算包括两种：①自愿性清算。自愿性清算指当出售一家公司的资产所得超过其所发行的证券的市场价值时，清算对股东来说可能是最有利的资产处置方式。②非自愿性清算。非自愿性清算是指公司濒临破产，公司发生严重的财务危机而不得不出售现有资产以偿还债务，由清算组接管，对企业财产进行清算、评估、处理和分配。

四、科技金融服务功能的整合

（一）科技金融服务功能整合的重要性

科技金融服务功能整合，使服务相对集中，满足服务项目的配套要求。金融服务功能整合就是将金融服务过程中金融产品服务、融资中介服务及配套性专业服务按照其内在业务联系进行衔接、协调，以促进在服务业务链条基础上的有效服务。显然，金融服务功能的整合是必要的，这有利于服务项目的集中，使服务更便捷；也有利于实现服务项目的配套，提高服务效率。

（二）科技金融服务功能整合的目的

科技金融服务功能整合的根本目的是促进服务项目的集中与配套化，提高金融服务效率。因此，科技金融服务功能整合的要求应当以加强不同专业性服务的协作、提高服务效率为目的，以信息技术、网络技术为实现技术基础，形成各服务项目之间及服务机构与服务对象之间的协作，建立服务项目交易的方式或渠道。基于这样的要求，科技金融服务功能整合的目的有以下几个：

第一，便捷地传递金融服务信息和融资需求信息。

第二，面向企业和金融机构及相关专业服务两个方向提供服务。

第三，高效地进行专业性服务之间的协作。

第四，形成金融服务项目的配套。

第五，完成金融服务项目（产品）的交易。

第六，有利于创新服务产品。

（三）科技金融服务功能整合的方式

科技金融服务功能整合的方式是以金融服务的平台化①来实现金融服务的商业化运作。金融服务的平台化是必要的，它可以作为服务功能整合的实现方式，实现服务功能整合的目标，是满足服务项目的配套、形成"一站式服务"的合理选择。

科技金融服务平台要保证便捷地传递科技金融服务信息、融资需求信息；面向两个方向提供服务；能够进行专业性服务之间的协作；能够形成科技金融服务项目的配套；能够完成科技金融服务项目（产品）的交易；有利于创新服务产品六大目标。这就需要平台具备以下功能：①金融服务信息展示（金融超市）；②融资需求信息展示（科技超市）；③综合信息展示（信息超市）；④服务项目线上服务（服务之窗）；⑤会员服务；⑥系统管理及维护。

---

① 金融服务的平台化，是指以加强金融服务协作、提高服务效率为目的，以 IT 网络技术为实现技术基础，形成各服务项目之间及服务机构与服务对象之间的协作，建立服务项目交易的方式或渠道。

第三节　科技金融的运行机制

一、科技金融的资金配置机制

(一) 公共金融的资金投入

投入公共金融资金的第一步是积累初始资金,资金积累的启动资金源自政策主导资金。只有在政策的保障下,宏观经济和社会发展中具有指导性意义的科学技术创新活动才能有效开展。在技术开发、商品化以及科技创新的基础研究阶段,主要由科研院所以及初创高新技术企业负责创新。

我国的政策性金融机构在创新的实践过程中,把所有支持基础产业发展的金融服务称为开发性金融。提供开发性金融的机构属于开发性金融机构,它们利用和整合国家的发展资金,与高新技术企业以及其他金融机构通力合作,共同促进科技创新和高新技术产业发展。同时尝试和地方政府合作,共同构建区域科技金融服务市场,和金融机构共同开展联合担保业务以及再担保业务等。在资金获取和信息获取方面,政策性金融机构本身就占据优势,商业运行模式不但可以解决资金效率问题,还能在合作中减少机构的不确定性,并为商业性金融机构传递有效的政策和前沿技术信息,进而吸引更多商业性金融机构参与科技创新。

如为强化股权性财政资金,发挥财政资金的引导性作用,2009 年,长春市高新区在原有长春高新风险投资公司的基础上,设立了总投 10 亿元的科技成果转化基金和总投 3 亿元的长春高新创业投资集团有限公司,并以高新创投集团为母体,依托国家和省、市相关部门的资金支持,通过参股,以及给予启动经费、房租补贴等方式引进中国银河投资、盈富泰克创投等,联合募集成立高新创投基金、国家生物医药发展基金、汽车电子产业发展基金等专项股权投资基金,引导股权投资机构集群化发展。

(二) 商业性金融的资本配置

在科技金融体系不断发展的进程中,资金市场和金融中介作为重要的资金来源积极参与科技创新。也正因如此，科技创新的资金才得以壮大，并形成了资金循环往复运营的科技金融运行体系。科技担保机构的积极参与和配合保障了商业银行贷款的可回收性，使其能够为高新技术企业提供担保。此外，商业性金融机构积极参与科技创新为政策性金融资金的退出创造了良好的契机，撤出政策性金融的资金有效完成了政策性金融支持科技创新活动，并为科技创新活动提供了开创时机，进而形成新的资金循环。

（三）资本市场的参与

相比于金融机构的资金，资本市场资金的周期更长、资金量更大、风险偏好也更分散，对需要大量资金的创新主体来说，资本市场的积极参与更有益于规模不同、创新周期不同以及创新体制不同的创新主体。

二、科技金融的信息揭示机制

构建科技金融体系的首要任务是解决资金需求方和供给方之间信息不对称的问题。揭示科技金融系统信息的是区域性的科技金融系统信息平台。在信用信息系统中，机构的评级报告、过往信息以及在金融机构的借贷情况，都可以通过第三方来证明资金需求方的征信情况，进而减少资金需求方和供给方之间的信息不对称。科技金融需求方和供给方为了保障自己的权益和披露信息，会通过收集信息平台上的信息去综合分析对方的具体情况。构建专业的信息服务平台可以为科技金融的供需双方提供更加专业、有效的信息。

三、科技金融的风险分担机制

在构建科技金融体系的过程中，将多层次的资本市场以及不同类型的金融机构融入科技金融体系中，综合运用不同的金融工具组成的组合产品，包括金融担保、保险、银行贷款以及资本市场的股权投资，综合运用系统为不同的企业提供资金并分散投资者和企业创新的风险。

我国仍然采用主导式的银行融资体系，科技创新本身具有高投入、高风险的特点，很难吸引稳健型商业银行的投资。所以，在构建科技金融体系的过程中，应该以政府为主导，将政策性银行的投入和创业投资基金融合在一起，共同推动初创高新技术企业迅速成长。政府参与可以为后续的企业融资提供隐性担保，在一定程度上提升了金融机构的投资积极性，降低了金融机构的投资风险。

四、科技金融的激励约束机制

在组织系统中，激励机制系统利用激励手段让激励主体变得固定化和规范化。此外，激励机制也是激励客体相互制约和作用的方式以及结构、演变规律的和。约束机制是为了使组织成员行为规范化、组织运转有序化。发挥约束机制的作用需要经过法定的程序、满足规范性的要求以及符合标准化的规章制度和手段。

在金融服务链中，科技金融的激励约束机制使科技创新主体和金融机构之间形成契约关系，该机制中包含以商业银行为代表的创新主体和金融中介机构之间的债权关系，还包含资本市场中创新主体与风险投资基金和其他股东之间的股权关系。

在签订贷款或其他融资协议时，金融中介机构和高新技术企业应该在契约中明确融资方的融资方式、还款方式、担保情况、资金投入的具体情况、抵押品、其他相关条款以及违约责任等内容。所以，在融资合作中，企业是约束高新技术企业使用资金的重要手段。

以银行为代表的金融中介机构和企业之间存在委托监督关系。在我国的资本市场中，商业银行和委托监督关系主导资本市场的发展，这也让以商业银行为代表的金融中介机构变成了构建科技金融体系的重要环节。

在科技金融体系实际运行的过程中，以商业银行为代表的金融中介机构并不是采用单一的股权方式或债权方式约束或激励高新技术企业的经营管理和技术创新，更多是在科技金融体系中运用市场化的手段保障自身利益，同时积极使用金融创新工具，比如采用债转股等附加期权和剩余控制权的方式来保障自身利益，在此基础上达到约束高新技术企业科技创新投入以及减少道德风险的目的。

第四节　科技金融的运作模式

一、与政府相关的科技金融运作模式

（一）政府主导下的科技金融运作模式

政府主导下的科技金融运作模式指由在地方科技中心或生产中心挂靠的科技金融服务平台进行运作。通常情况下，这些机构属于地方政府的下属单位，履行政府职责。政府主导下的运作模式更加注重政府主导，科技金融资源由政府相关的行政机制配置。

1. 政府主导的科技金融服务平台

政府主导的科技金融服务平台从 2009 年开始陆陆续续建立起来，如贵阳科技金融服务中心、武汉科技金融公共服务平台以及成都科技金融服务平台等在政府的主导建设下，这些平台挂靠在所属区域的科技中心或生产中心，联动区域内的中介机构和金融机构建立合作关系，在政府的引导下，为所属区域内的科技型中小企业提供融资服务。

就成都科技金融服务平台而言，主要由成都科技局和成都生产力促进中心合作构建。该平台在政府的引导下和商业银行、担保公司、创投公司、保险公司等机构形成了长期合作关系，专门为中小企业提供综合服务。成都科技金融服务平台不仅为中小企业集合融资，建立了企业融资信用体系，还通过政府的资金引导开发复合型金融产品，给科技型中小企业提供一站式融资服务。就平台功能而言，该服务平台具有两个主要作用：第一，政府提供引导资金；第二，为企业提供各种辅助性服务。

政府的引导资金由以下三个部分组成：

（1）风险投资专项资金。这一类引导资金主要用于科技企业转化成果，它的投资方式有债券投资、股权投资以及组建投资基金等。

（2）风险补偿专项资金。这一类引导资金主要用于建设科技金融环境，补偿科技企业以及金融服务平台。

（3）创新创业种子资金。这一类引导资金主要用于帮扶种子企业和初创企业，为它们提供融资担保和补贴等金融服务。

辅助性服务有以下四种：

（1）融资产品。融资产品包含大学生创业孵化投资、保险补贴等相应的产品。

（2）政策资讯。为刚起步的企业提供投资、创业、保险等各方面的法律信息和政策信息。

（3）信息服务。信息服务主要包含建立科技企业、投资机构、直接服务机构的名录，并建设项目信息库。

（4）中介服务。中介服务是指支持大学生创业、辅导和培训融资，尤其是融资辅导之后，平台会将初创企业推荐给相关金融机构。

2. 政府主导的科技金融服务平台的成效

科技金融服务平台在政府的主导下形成的成效主要体现在把财政资金作为引导基金，把各类科技型中小企业项目与相应的科技金融机构业务联系在一起，并帮助提供资金的金融机构找到预期收益较高的资金需求者。特别是种子期科技企业和初创期科技企业，需要高效的科技金融机构提供资金支持，由此，科技金融需求方和供给方形成了合作关系。

科技金融服务平台在政府的主导下具有政府投资背景，属于综合性中介机构，不仅可以提供高效的合作机会，还可以促进合作的良性循环。值得一提的是，在政府引导下的基金融资担保和补偿可以为企业找到更多融资机会，并且还能在一定程度上降低运营成本，实现合作双方共赢。

（二）与政府合作的运作模式

政府是促进科技与金融结合的重要引导者，通过制定政策、投入资金、参与搭建平台、构建风险防控机制等，可以吸引更广泛的市场主体包括银行、各类中介机构来共同促进科技资源与金融资源的结合。与政府合作的运作模式包括：①商业银行与政府合作成立科技支行；②政策性银行与多家机构合作搭建集合贷款平台；③非银行中介机构与政府合作提供科技金融服务。

各金融机构根据各地的实际情况与政府合作提供科技金融服务，在很大程度上促进了科技企业的发展。比如中新力合①，此公司和省级科技型中小企业合作，共同构建起了综合金融服务平台，并围绕投资、融资链开展了有效创新合作。在安全的范围内充分开发并利用间接融资渠道，根据不同的投资偏好以及科技企业的不同发展阶段设立股权基金，将多方力量整合在一起，不仅保障了科技投入的有效性，还促进了科技成果的转化。

中新力合在发展过程中不断推出创新金融产品，主要包含天使债、知识产权风险基金、股权投资组合基金以及小企业集合债等。其中，小企业集合债产品的运营流程是：中新力合设计信托产品或成立有限合伙制基金，政府引导基金认购约25%的份额，风险投资机构认购约5%的份额，剩余的份额由银行或社会资金参与认购。在分配资金收益和承担风险方面，高收益的风险投资机构同时承担高风险；政府引导基金的要求是本金安全，不需要收益。中新力合有效整合多方资源，合理设计结构化产品，在谋求发展的同时实现了多方共赢，并且它承担的风险和获得的收益是匹配的。

二、新型民营科技金融运作模式

新型民营科技金融运作模式的表现形式是金融充分应用互联网信息技术的工具属性和金融适应互联网的商业发展：前者并没有改变互联网的工具属性，一直属于为供需双方提供信息的平台；而后者是在电商平台交易数据的基础上形成信用评级系统，可以直接给用户提供融资服务。因此，新型民营科技金融运作模式可以分为信息平台模式以及电商信贷模式。

（一）信息平台模式

信息平台模式由网络公司搭建信息平台，服务资金需求方和供给方。资金需求方包括个人和企业两类；资金供给方包括个人、银行、其他金融机构等。目前众筹是较为典型的信息平台模式。众筹是对传统证券业务进行股权融资的突破，其通过搭建网络平台让有创造力的人和企业面对公众展示自己的项目和创意，由于融资来自大众，不再局限于创投机构，因此每一位普通

---

① 南通中新力合科技金融服务有限公司成立于2013年10月，注册资本1亿元。

人都有可能通过这种模式获得从事某项创作或活动的资金。

信息平台模式的优势如下：

首先，具有广泛的资金来源。信息平台模式不受时空限制，可以联动全国各地的金融机构和服务机构，可以随时随地为不同地区的中小企业提供服务。

其次，传播信息的途径很多。信息平台模式与大众直接链接在一起，只要是有创意的项目，通过互联网很快就能表现出来，很容易就能得到大众的支持。并且，大众还可以有效披露筹资企业的信息，这在一定程度上打破了借贷双方信息不对称的局面，进而发挥社会信用的作用来帮助企业融资。

最后，分散投资风险。利用众筹等金融服务模式，可以为某些企业分散投资风险，因为众筹中每个大众投资人的投资金额并不多，承担的风险也比较小，且每个大众投资人能够接受一定范围内的风险。

（二）电商信贷模式

电商信贷模式是指拥有海量数据的电子商务企业，依据大数据收集、分析、挖掘客户的交易、信用等信息，批量发放小额贷款。典型代表有阿里金融、苏宁易购和京东商城供应链等。

新型民营科技金融运作模式的主要成效是拓宽了科技型中小企业的融资渠道，为中小企业的发展提供了极大的资金支持。

电商信贷模式的优势包括以下两个方面：

一是全面评估风险。就阿里金融而言，在风险评估的过程中，阿里金融的数据和淘宝、支付宝等的数据是完全打通的。用户在阿里系统中的具体情况都可以由风险评估系统计算分析出来，根据模型的计算结果就可以掌握用户是否涉嫌欺诈，根据用户的网站活跃度就可以判断用户融资需求，根据用户对网站的投入情况就可以判定其经营状态，根据这些数据以及企业的商务经营情况，就可以全面地判断用户是否存在风险。

二是成本低。通过电子商务平台，机构很轻易地就能找到活跃度高的网络商户，再根据后台的数据找到最需要、最有可能贷款的客户，由此得出精确的营销定位。最后根据客户的供应链情况判断预期授信，此种点对点的营销方式可以有效节约成本。

（三）新型民营科技金融运作模式的可持续性对策

在普惠金融的理念下，新型民营科技金融运作模式是最具代表性的金融创新。传统金融行业的格局被新型民营科技金融运作模式改变，使科技型中小企业获得了更多、更深层次的融资。与传统金融相比，新型民营科技金融运作模式提高了效率，节约了融资成本。与此同时，新型民营科技金融运作模式作为新生事物，应该进一步完善监管体系、风险控制等，进而促进该模式的可持续发展。

1. 加强法律的体系化建设

随着互联网和云计算等技术的发展，新型民营科技金融运作模式表现出了独特的属性，应该进一步完善相关法律法规。我国也应该尽快完善监管法律法规，将新型民营科技金融运作模式的批准设立、经营许可、风险控制以及担保等监管细则制定清楚。引导相关企业遵守法律法规，合法、合规经营，避免个别公司违规、违法经营，甚至触碰非法集资的经营底线。

2. 明确监管主体，加强行业管理

新型民营科技金融运作模式是金融和互联网形成的新型产物，国家需要的监管部门很多。因此，我国应该尽快明确现有的监管职责，引导监管部门有效监管相关企业。与此同时，新型民营科技金融运作模式具有跨市场、跨行业的特点，所以，各部门应该相互协调合作，建立协调机制。

在互联网金融监管方面，美国的经验值得学习和借鉴，其不抑制行业创新的同时，还能提升产品透明度。在美国的监管体系中，对于特定的证券，交易员和证券公司会通过反欺诈条款以及信息披露要求来保护证券交易；对于非银行的金融服务提供商，联邦贸易委员会对其进行调查；除此之外，还成立了金融稳定监督委员会，主要负责维护市场稳定和识别金融风险；消费者金融保护局也会监管金融消费以及金融产品，并在互联网金融监管下共同保障消费者权益。上述机构设置方式综合考虑了各个方面，比如稳定宏观经济、披露信息、监管行为以及保护权益等，值得我国学习和借鉴。

3. 加快征信体系建设

在互联网媒介以及云计算技术的支持下，新型民营科技金融运作模式加快了社会征信体系建设，并不断完善企业及个人的信用体系，大力推进信用中介机构的发展。除此之外，还应该构建多层次风险预警机制，充分结合数据采集、模型分析等信息技术，分析中小企业的信用体系以及行为数据，准确评估企业的还款意愿和能力。

4. 对投资者进行全方位风险教育

企业的监管部门应该加强投资教育，大力普及相关融资知识，引导投资者了解市场风险，增强其自我保护能力。除此以外，企业作为金融服务的提供者，也应该积极组织和开展全方位的金融投资教育活动，并与媒体达成合作，通过媒体宣传金融风险知识，让投资者充分了解金融投资的便捷性和风险性，进而帮助投资者树立正确的投资观念。

第三章 科技金融发展的国际经验

第一节 美国科技金融的发展借鉴

一、美国科技金融的发展历程

美国的科技金融体系以风险投资为主导，以完善的法律和政策体系为融资基础，其活跃开放的多层次资本市场为科技型企业在美国得以生存的关键。作为世界上最早出现风险投资的国家，美国最初的风险投资形成于 20 世纪末。早期的风险投资就是一些富有的个人投资者和家庭启用闲置资金，将其投向富有前景的新兴行业。

1946 年，第一家国际风险投资公司——美国研究与发展公司成立，其通过吸收机构与个人投资者的资金为中小高新企业融资。自 20 世纪 60 年代以来，更多的资本开始流入高风险公司，特别是在半导体、医疗设备、生物工程、计算机、软件工程等新兴行业，因为被其高回报率吸引。

1978 年，美国国会将资本利得税由 49.5% 降低到 28% 后，风险投资市场得到了强有力的发展。自此美国的风险投资市场在高新技术产业的推动之下得到了迅速发展。经过 20 世纪七八十年代企业组织和制度的创新与完善，美国形成了在人才、政策与投资环境方面的企业创新基础，使得创业风险投资与高新科技产业发展出一系列良性互动机制，最终形成了以风险投资为主导的科技金融体系。

二、美国科技金融的作用

美国科技金融体系中最具特点的是美国政府部门对中小型企业的大力支持。其中，财政性科技金融起到了重要的引导和支持作用。

(一) 法律保障体系

针对中小型企业的立法为美国的科技金融体系建立了强有力的法律框架。1953 年，美国政府根据《小企业法》成立了小企业管理局，以促进小企业的发展。1958 年，美国国会通过了《小企业投资法案》，以进一步界定和加强SBA① 的职能。在该法案的支持和推动下，SBA 可向私营小企业投资公司颁发专门的经营执照，由其资助美国的科技型中小创业企业。自此，美国政府正式介入科技型中小初创企业的风险投资。良好的法律环境为中小企业在科技市场上参与公平竞争、积极参与科研开发保驾护航。

(二) 政府直接投资

美国政府直接参与对中小科创企业的投资和资助，为中小企业融资提供了强有力的支持。美国政府每年都对高新技术企业进行大规模的直接投资，并为其提供大量低息贷款和股权投资，以帮助科创企业进行科研开发，且每年的直接投资额都在不断增长，其中包括大量针对中小型科创企业的融资。

1982 年，美国联邦政府启动小企业创新研究计划，对高风险但发展潜力大的科技型小企业给予资助，力求通过小企业科技创新带动全国范围内的科技创新及升级，其中包括建立创新技术储备、吸引民间资本进入企业，从而让企业积极进行科研成果转化等。此计划覆盖行业广泛，资助企业数量众多。

(三) 政策性融资担保

大力开展政策性融资担保，降低银行风险，为高新技术企业提供融资支持。在美国以风险投资为主导的科技金融体系与高新技术企业的互动机制中，

---

① 美国小企业管理局（U. S. Small Business Administration，SBA）。

政策性担保是其中不可或缺的一环。SBA 作为美国政府支持小企业融资的主要部门,实施了多项担保融资计划,帮助没有能力从正常渠道获取融资的小企业取得融资帮助。

小企业投资公司计划的出台,始于第三次科技革命到来之际,科技担保机构应运而生。在科技型中小企业向银行申请贷款时,科技担保机构为科技型中小企业提供信用担保,以帮助中小企业获取资金。小企业投资公司计划的杠杆担保融资模式也诞生于此背景之下,这种模式不仅充分调动了民间资本参与的积极性,而且能够节省财政资金,发挥资金的杠杆作用。该举措大幅提高了中小企业融资规模,并在一定程度上降低了财政资金的压力和风险。

美国小企业投资公司多采用公司制或合伙制,可向 SBA 申请,由 SBA 通过购买债券或参与分红的证券为其融资。或者 SBA 为这两种证券提供担保,由美国小企业投资公司在公开市场发行,获取融资资金,提升了社会资本的可信度。

(四)财税优惠政策

财税优惠政策是美国政府支持科技创新型企业发展的重要举措。美国政府从 20 世纪以来就致力于减轻科技型企业的财税压力。联邦政府根据科技企业的科研投入总额给予企业税前抵扣和税后减免优惠,州政府也根据自身情况给予科技创新企业优厚的税收减免。

例如,20 世纪 80 年代,为缓解经济危机、刺激发展,美国政府出台《经济复兴税法》,其中对符合条件的中小型企业实行资本收益税费减免;关于新机器和设备可以按照折旧的年限给予一定税收优惠的政策激发了中小企业的投资热情。

20 世纪 80 年代末期,美国政府出台《美国国内税法》,规定科技企业研究费用中较上年所增加费用的 20% 可直接冲抵税费,研发费用超过前几年平均值的 25% 可获得 25% 的税费减免,用于技术设备升级投入的 10% 可减免所得税。

21 世纪初联邦政府出台《经济增长与税收减免协调法案》,更是免除了家族企业遗产税,并允许科技企业将大量科技投资进行费用化结转。

（五）其他金融政策支持

美国联邦政府积极鼓励各政府部门出资支持中小型科创企业。例如，1982 年《小企业创新发展法》中规定，在每年的财政拨款中，联邦政府至少将 2.5% 的经费服务于中小科技企业的研发活动，并且对于科研经费大于 1 亿美元的部门，须将预算中的 1.3% 用于支持中小企业进行科研创新。这样，美国政府的科技研发投入随着经济的增长和财政预算的增加，每年都在大幅度增长。

美国政府除了对科技研发进行直接投入，还通过政府购买服务为中小企业创造商业机会，支持其进行产品转化。比如，对科技型中小企业进行购买行为保护，即实行首购政策，帮助中小型科创企业实现自主创新，对其产品转化更是给予大力支持。

三、美国科技金融的典型实践

美国是典型的金融市场主导的金融体系。1951 年，世界上第一个高技术科学园区便建立在美国加利福尼亚州旧金山以南地区，即举世闻名的硅谷。这里聚集着大量的高科技公司，是一个规模巨大的高技术科学城，已成为美国九大制造业中心之一。硅谷由此成为高技术科技园区的代名词。

（一）小企业投资公司

美国小企业投资公司（Small Business Investment Companies，SBIC）计划由美国小企业管理局（SBA）于 1958 年推出，致力于弥补美国小企业融资需求和融资来源之间巨大的缺口，其核心任务是为获得融资不足的小企业补充私募投资和长期贷款的资金。

SBIC 计划以政府资金和私有资金合作的方式来运作。在该计划之下，符合条件的私营投资基金可以向 SBA 申请注册成为美国小企业投资公司。SBA为 SBIC 的私营基金提供长期融资支持，以便它们更好地开展业务，为高风险的小企业提供长期的债务和权益融资。

（二）科技银行

作为专门为快速成长的企业尤其是中小企业提供风险贷款的金融机构，科技银行能够提供一般商业银行所无法提供的金融产品和金融服务，其目标是初创企业尤其是处于初创期的科技型企业。美国的硅谷银行是世界上科技银行发展最好的实践范例。硅谷银行创立于1983年，总部设在美国加利福尼亚州硅谷地区。

具有成长潜力的中小企业尤其是科技型中小企业能够从硅谷银行获得的金融支持包括以下方面：①在初创期可以获得SVB的创业贷款；②在发展期可以获得企业资产贷款；③在成熟期可以从硅谷银行过渡到与商业银行实现金融服务对接，从而进一步获得金融支持。由此可见，科技银行作为专项支持银行，能够弥补科技型中小企业发展过程中金融服务的缺位，具有重要的桥梁作用。

四、美国科技金融的启示

第一，政府的政策性金融扶持。美国政府对科技创新的金融支持表现为直接参与科技创新的投资。联邦政府设有专门的研究与发展经费预算，除了直接投向政府各个机构所属的科研单位，还以直接拨款的形式对私人工业企业、高等院校和其他科研机构的科技项目进行投资。政府通过对科技研发的直接参与来引导社会投资的流向。不仅如此，美国政府还通过设立政策性金融机构，利用直接经费资助、信贷支持和税收优惠等财政手段来支持企业增加科研投入。

第二，间接融资体系的融资支持。在美国的科技融资体系中，以银行为主导的间接融资的作用也不容小觑。在间接融资中，贷款风险是一个不容忽视的问题，它直接决定着科技型创新企业融资活动成功与否。美国利用完善的担保体系和发达的资本市场，建立了比较完善的间接融资风险分担体系，为间接融资的开展提供了必要的便利条件。美国专门设立小企业管理局，为广大科技型中小企业提供融资担保。不仅如此，美国还利用其发达的资本市场，通过资产证券化等手段，让银行以小企业管理局担保的企业贷款作为抵押，在债券市场出售债券，加快回收资金，以提高银行资产的流动性。

第三，高效的资本市场。美国的资本市场大体可以分为四个层级，形成一个"金字塔"式的结构。第一层级即处于最顶端的纽约证券交易所和纳斯达克市场；第二层级是公开报价系统；第三层级是地方性的柜台交易市场；第四层级是私募股票交易市场。总之，美国多层次高度细分的资本市场在不同的层级有不同的上市标准，分别与不同规模、不同发展阶段的企业融资需求相适应，从而为企业的科技创新活动提供了有效的资金支持。

第二节　欧盟科技金融的发展借鉴

成立于1993年的欧盟是世界上经济极为发达的地区之一，其经济一体化的深化促进了该地区经济的进一步繁荣。欧盟设有欧洲经济和社会委员会、欧洲中央银行、欧洲投资银行、欧洲银行业联盟等机构，为欧盟成员国提供金融服务。

欧盟的科技金融体系以创业风险投资为主体，快速发展始于20世纪80年代，20世纪90年代后欧盟创业风险投资行业的发展呈现大幅增长。其中较早开展创业风险投资的是英国。至1999年，英国风险投资总额达99亿欧元，领先于德国、法国，占当时欧盟风险投资基金的39%。欧盟科技金融体系的发展所围绕的企业主体也是中小型科技企业，欧盟的中小型科技企业是欧洲科技创新的主力军，其创新面广泛、创新率较高。分工明确、各司其职的欧盟投融资机构为科创企业的发展提供了强有力的支持。完善的法律体系支持、大力度的财政支持以及税收优惠政策构成了欧盟科技金融发展的主要政策体系。

一、完善的法律体系支持

欧盟致力于为中小型科技企业的发展创造宽松的环境。例如，德国政府制定并多次修改完善《反限制竞争法》，防止和监督其资本市场的过分集中和垄断，保障了中小型科技企业参与竞争和进行科创活动的权利。其多次修改《公司法》，为中小型科技企业的需求和利益提供了宽松的经营环境，并且相继制定了《中小企业促进法》《中小企业结构政策的专项条例》，对中小企业进行专门的法律保护。

欧盟还制定了统一的立法框架，目的是通过制定、改善政策和法规，为成员国提供政策指导，以支持科技企业的创新。1984年欧盟启动实施"研究、技术开发及示范框架计划"，简称"欧盟研发框架计划"，首次在欧盟范围内推出对企业创新给予支持的政策导向性行动计划。欧盟研发框架计划是当今世界上极大的官方科技计划之一，重点关注国际科技前沿和竞争性科技挑战，到现在为止仍然是欧盟投资最多和规模最大的全球性研究和技术发展计划。1995年，欧盟发布《创新绿皮书》，1996年，实施了《欧洲创新行动计划》。21世纪初，欧盟在第五个科技框架计划中引入了《促进创新和鼓励中小企业参与计划》，即引入了对中小企业的具体支持。

二、大力度的财政支持

欧盟对科创企业的财政倾斜和直接投融资支持，以1958年成立的欧洲投资银行集团为主要机构，同时，欧洲发展的小额贷款基金为鼓励和支持科技创新型中小企业发展的投融资机制提供了重要保障。欧盟对新能源、环保等绿色经济产业给予了极大的支持，其所支持的中小企业达十几万家，为欧盟科技创新活动提供了无可比拟的支持和保障。

此外，欧盟始于20世纪80年代的一系列框架计划，为科创型企业尤其是中小型科创企业带来了投融资方面的实惠，并帮助企业实现了创新和成果转化，大幅提高了欧盟国家在国际市场上的竞争实力。欧盟于2007年启动的第七研发框架计划是迄今为止欧盟投资最多的国际性科研计划，总投资额预算超500亿欧元，涉及行业和领域以航空航天、纳米技术、生物、新能源、环境科学为主要方向，参与的国家和企业数量也颇多。其中以科技型中小企业为主体的支持资金达数十亿欧元，为欧洲科技型中小企业的发展带来了极其深远的影响。

以欧盟科技型中小企业为支持对象的欧盟竞争力与创新框架计划，以风险投资、贷款贴息、提供保证金为主要的资金投放渠道，为企业、国家和地区建立良好的投资渠道和投资模式，以及科创服务体系。该计划的国际性和放大器效应，为欧洲中小型科创企业吸引到的社会资本和私人资金达300亿欧元，超过 30 万家科创型企业从中获得了喜人的成绩与良好的收益。

三、税收优惠政策

欧盟的大部分国家对科技型、创新型小企业采取了相应的税收减免措施，以缓解其财税压力。其方式主要涉及税收减免或返还、税率调整以及加快固定资产折旧与调整盈利计算方式。

欧盟成员国的税收减免主要采取全额减免、定额减免与定比减免的形式。通过对初创企业和创新企业税收的减免，政府帮助企业实现了资金回笼、资本重组、产品快速升级以及产品转化、改造和落地。意大利政府针对创业前期科创型企业采取科研投资免税政策；德国政府针对落后地区创业企业实行免除前五年营业税等措施。

为缓解企业资金压力，提升资金运转效率及新产品研发能力，欧盟主要国家均采取了增值税、营业税、所得税等多税种的税率调整。英国政府曾多次调整当地中小企业税率，如将年营业收入小于 30 万英镑的中小企业税率降至 20%，这也是英国历史上所实行的最低税率。欧盟其他多国也针对科技创新型企业进行了 10% 左右的税率调整，并积极出台关于减免税收的其他优惠政策，大大提升了企业的市场竞争力和存活率。

此外，加快固定资产折旧与调整盈利计算方式，也是欧盟主要国家实行税收减免的普遍优惠政策。加快固定资产折旧可以直接提升企业装备设备的更新速度，协助企业创新发展，同时可以增加税前抵扣、减少应缴税款，缓解税收负担。针对科技型企业的自身特点，对企业盈利计算方式进行调整，可进一步明晰科创型企业的应缴税费，优化其应税结构，使其税负合理化。德国政府所实行的特殊折旧法和盈余算法是这两种税收优惠政策的典型代表。

第三节　日本科技金融的发展借鉴

日本作为创新型国家，其针对新兴科技行业的风险投资发展得也较早，仅晚于美国。借鉴美国风险投资的成功案例，日本建立起了适合其本土国情的科技金融制度和体系。

一、日本金融体制的发展历程

1882 年日本银行成立。此后，日本的民间商业银行得到快速发展，逐渐形成了多层次银行体系。

20 世纪 30 年代，日本金融市场尤其是股票市场在产业融资领域发挥了相当重要的作用。但 1918 年后，日本为了赶超发达国家，在资金短缺、证券市场发展滞后和金融机构弱小的不利条件下，为确保经济发展所需的资金，建立了政府控制下的"护航舰队式"的金融体制，使银行在受到政府高度管制的同时亦受到相当严密的保护，使得当时还很脆弱的民族金融业得以生存和发展。在此背景下，日本股票市场的重要性迅速下降，而逐渐形成的银行和企业关系密切的"主银行制度"则为日本战后经济发展提供了重要的制度支持。银行体系在日本金融体系中的地位变得越来越重要。

自 20 世纪 80 年代开始，日本股票市场进入了一个崭新的发展阶段，在带有投机性质的经济机制的作用下，日本股票市场在 20 世纪 80 年代后期一跃成为全球最繁荣的股票市场之一，其在金融体系中的重要性得到极大的强化。

为了给日本经济的进一步发展创造良好的金融环境，日本政府于 1997 年 6 月公布了《金融体制改革规划方案》，其核心是全面废除金融限制，推动金融自由化，建立起一个既健全稳定，又充满竞争性和创新力的市场机制下的金融体制。围绕这一宗旨，日本政府主要采取了四项改革措施：①加速金融机构业务自由化的进程；②提高日本银行的独立性和决策的透明度；③进一步开放资本市场；④加强对金融机构的监管，强化维护金融安全的监督体系。但日本经济的持续萧条无法为金融体制改革提供良好的国内环境，亚洲金融危机的爆发又使本不景气的日本经济雪上加霜；另外，防范国际金融风险的难度也在大幅增加。这些不利因素最终导致日本的《金融体制改革规划方案》未能彻底实施。

二、日本科技金融体系的特点

第一，日本科技企业的融资渠道主要依赖于银行。日本的银行体系于 20

世纪中后期发展壮大，中央银行是主导者，金融机构作为主要参与者，政策性金融机构作为补充。银行体系也成为日本科技创新型企业的主要融资渠道。日本银行不仅为其企业提供长期贷款，作为稳定的资金来源，还持有企业的股权并参与其管理，在这样的金融体系的强有力的支持之下，日本的科技创新迅速发展壮大。

20 世纪 90 年代后，政府开始以市场作为金融体系的核心牵引力并实行了金融改革，形成了日本金融体系混业经营的发展局面。改革大幅度放宽了金融机构的业务范围，使得金融机构参与企业金融活动的能力大大增强。这种金融体系所体现出来的灵活性和混合经营的能力为日本中小型企业提供了更好的生存环境。一些大型的金融控股集团能够为科技创新型企业提供更长生命周期范围内的金融服务。

第二，为科技创新型企业提供融资制度与工具。日本政府积极进行金融改革，使得政策性银行能够在相关制度和法律法规的支持下，帮助日本科创企业通过知识产权抵押获取担保融资；并引导民营银行等民间金融机构为初创期科技企业提供专利权及著作权抵押贷款。

日本银行的资产证券化业务在 20 世纪 90 年代后期得到了大力发展。日本是亚洲资产证券化发展最早、市场规模较大的国家。通过将企业应收账款、汽车贷款、房屋租赁应收款等银行资产进行打包出售，银行实现了流动性资金的回收，分散了风险，有效提高了银行的资本充足率，使得银行能够间接为科技创新型企业提供更多融资，并吸引了外部投资者为科创企业提供更丰富的融资渠道。

第三，多层次的资本市场对科技企业具有良好的支撑作用。与其他发达国家类似，日本也具备多层次的资本市场。从 20 世纪 80 年代末期开始，日本资本市场逐步发展与完善，建立了数个面向中小科技企业的创业板市场，例如东京证券交易所建立的 MOTHERS 市场，大阪证券交易所建立的 JASDAQ 市场，福冈证券交易所建立的 Q – Board 市场。这些创业板市场准入门槛较低，投资氛围活跃，信息透明，因此越来越多的日本科技企业选择在资本市场进行直接融资，大大降低了科创企业对银行贷款的依赖，日本资本市场融资逐渐成为科创型企业融资渠道的重要组成部分。

三、日本科技金融体系的作用

（一）制定助力中小企业创新发展的法律法规

中小企业一向是科技创新的主力军，由于日本的银行贷款为科技金融的主导力量，早在 20 世纪 40 年代末期便专门为中小企业制定了有关信用评级和监督的法律法规，对信用评级高、创新能力强、具有发展潜力的中小企业提供融资。

1963 年，日本为助力中小企业发展，制定了《中小企业基本法》，以此为中小企业发展的上位法，该法于 1999 年进行修订、编辑、整理，成为日后一系列政策的核心与法律基础。同年，日本政府颁布《中小企业投资育成法》，成立专门的投资公司，为中小企业提供投资和咨询服务，帮助和鼓励其进行科技创新。相应地，成立了政府性科技中介机构，为中小企业提供相应的融资服务。

从融资支持到知识产权保护，日本建立了涉及科技创新多方面内容的法律法规，为中小企业进行科技创新活动建立了完善的法律基础，这也是日本在科技发展方面在全球处于领先地位、企业综合实力持续提高、不断创造高技术含量产品的重要因素。

（二）税收减免，降低科技企业负担

日本政府专门针对科技企业研发制定了多方面的税收优惠政策，从所得税减免、加速折旧到科研费用优惠，多管齐下，降低科技企业税收成本，大大提高了企业的科技研发热情。如 1967 年的《增加实验研究经费的纳税减征办法》，对高新技术企业、当年科研经费达到历史新高的企业、新购科研必需设备的企业以及中小型科技创新企业给予税收优惠。1964 年，日本政府针对科技企业设备折旧，制定了加速折旧的会计准则，并对购买科研设备的企业给予一定比例的所得税减免。

日本政府的税收优惠政策减轻了科技企业的财税压力，激发了科技企业的创新研发热情，并引导社会各界对科技创新予以支持和积极参与，大幅提

高国家核心竞争力，并使科技创新保持了相当的可持续性，造就了大批具备创新能力和创新意识的科技企业。

（三）建设科技中介机构

在日本，科技中介机构作为沟通科创产品供需双方、服务于科技企业的多元化组织机构，其主要载体是技术孵化器。

此外，日本的主要科技中介机构还包括隶属于银行的咨询机构，这些机构聚集了大量的科技创新要素资源，包括人才、资金、技术等，并且具备丰富的实战经验，有能力为各种规格的科技创新企业提供相关服务。如1965年成立的野村综合研究所是这类机构的典型例子。其主要工作就是接受国家、企业和社会团体的研究课题，并提供资金、技术、管理、监管等相关服务，日本许多尖端的国防、航天、通信等科研工作都是由其提供服务的。

（四）完善信用担保体系

日本以银行为主导的科技金融体系之所以能够持续发展，完善的信用担保体系也是其重要的保障机制之一。担保体系作为信用体系的重要组成部分，日本政府对其有着较高的重视程度。日本是最早进行信用担保体系建设并完善的亚洲国家，该体系的建设包括如下三个方面。

第一，建立专门机构，对中小企业信用担保进行评定、管理、保障和监管，解决中小企业因产品研发周期较长、技术商业化结果不确定而带来的融资额度有限、融资难度增加的问题。如20世纪30年代建立的东京都中小企业信用担保协会，以及之后建立的全国性质的中小企业信用保证协会、中小企业信用保险公库等组织，均在中小企业融资担保活动中起到了不可或缺的作用。

第二，建立完整的信用担保法律体系。除前文提到的《中小企业信用法》《中小企业信用保障协会法》，20世纪50年代，日本还颁布了一系列针对中小企业信用担保的法律法规，作为信用担保活动的法律依据，为信用担保提供了良好的法律环境。

第三，引导社会资本参与、分散风险。主要做法包括吸引各路资金参与投入科技企业的信用担保，明确划分职责与收益，将风险进行多级合理分散。并且采用再担保机制来保障投资者利益，可持续地扶持中小企业，并为其提供融资渠道。

四、日本科技金融发展的启示

第一，科技融资以银行信贷为主导。1963 年，日本兴建科技园，大部分是由政府规划和建设的，将大批研究机构和科学家集中到高质量的城市空间，从而让其进行协同研究。日本的科技融资主要来自银行贷款，这与日本中介（银行）主导型的金融体系有关。日本的银行体系非常发达，主要包括以都市银行为代表的大型金融机构和以地方银行、信用金库、信用组合、劳动金库等为代表的中小金融机构。都市银行的业务范围以大城市为基础，并在全国设有为数众多的分支机构，与财团资本有着十分密切的联系，实力雄厚，放款对象偏重大企业。其他众多的中小金融机构主要服务于地方经济，经营灵活，它们的存在较好地弥补了大银行业务的空白。

第二，日本政府对科技金融的高度重视。日本政府对科技金融的重视主要体现在通过设立政策性金融机构向科技企业提供资金支持。日本先后成立了日本输出入银行、日本开发银行、国民金融公库、中小企业金融公库和中小企业信用保险公库等政策性金融机构。这些政策性金融机构的资金来源主要是政府拨款、财政借款和发行债券。它们虽然分工不同，但目的和宗旨基本一致，都是通过以较商业金融机构优惠的利率水平、贷款期限和融资条件为企业科技创新提供贷款和金融服务，确保企业科技创新获得充足的金融支持。同时，日本政府也出台了相应的政策来支持企业的科技创新活动。

第三，完善的信用担保体系。为了分担银行机构的风险，帮助中小企业在科技创新的过程中获得融资，日本政府设立了中小企业信用保证协会和中小企业信用保险公库两个机构，经过多年的发展已经形成了比较科学完善的信用担保体系。在该担保体系中，日本政府以政府公用资金为主，联合银行、大企业等成立了中小企业信用保险公库，这是担保体系的最高层，主要为中小企业信用保证协会提供再担保。地方政府、公共团体共同出资成立信用保证协会，接受中小企业贷款担保申请，为中小企业融资提供信用担保。同时，担保项目自动获得中小企业信用保险公库提供的再担保，来分担担保风险。一旦企业经营不善或破产而不能按时还贷，在信用保证协会向银行代为清偿后，可以就损失的部分向中小企业信用保险公库要求赔偿，中小企业信用保险公库在核实后，向信用保证协会支付保险金。信用保证协会及中小企业信用保险公库都要接受政府的监督，以确保资金的合理使用。信用担保体系的建立及有效运作，降低了企业融资的难度，有力地促进了日本企业科技创新活动的开展。

第四节　英国科技金融的发展借鉴

一、英国科技金融的发展历程

英国中小企业融资体系主要包括信用担保、银行贷款、风险投资基金和税收优惠政策四个方面。英国金融市场是世界上金融稳定性较高的金融市场之一。[①] 英国威尔逊委员会最早于 1979 年提出小型企业信用担保计划，旨在为具有市场潜力但缺乏足够抵押物的小型企业提供贷款担保，担保比例一般为 70%，最高可达 85%。英国自 1981 年起开始实施中小企业信贷担保计划，规定可为最高限额为 10 万英镑的中小企业贷款项目提供 80% 的担保。1995年后，英国政府又加大了贷款担保计划的实施力度，并于 2000 年成立了小企业服务局，用以指导中小企业信用体系的发展，提升中小企业的融资能力。贷款银行由商业银行及其他金融机构组成，零售商业银行的贷款约占 95%，其余贷款由小型银行、风险资本公司提供，期限为 2~7 年。

英国银行着力支持中小企业发展，在银企所达成协议的规定和约束下，中小企业可以在一定数量和一定期限内通过透支的方式在本企业现金账户上进行超额提取，还可以从商业银行取得普通的定期贷款，且在政府提供贷款保证金等多种计划的推动下，商业银行能够在更大程度上为中小企业提供定期贷款。

---

① 周才云，赵晶晶. 国外科技金融持续发展的经验与启示 [J]. 当代经济，2015（6）：26 - 27.

尽管风险投资基金是世界范围内较为流行且颇具实效的措施，在英国也的确存在，但并不是英国的主流模式，其风险投资基金主要着眼于管理层收购，而对于初创型中小企业的投入比例仅停留在 5% 左右。

二、英国科技金融的启示

第一，政府支持科技企业贷款的力度大。英国政府为科技型中小企业提供融资担保、减免税额和延长还款期等融资便利，有效缓解了企业的资金短缺问题。如英国政府针对科技型小企业轻资产的特点，提出企业融资担保计划，为企业提供融资担保。同时对个人、法人机构和社区金融机构的投资金额进行分档税收减免，自投资之日起 4 年内每年都会减免 5% 的税费。

第二，政府加大对创新产品与服务的采购力度。英国政府每年用占 GDP 10% 的资金采购创新产品，而将 50% 以上的采购资金用于采购高新技术系统和服务，且采购创新产品与服务的信息每年年初均在政府的官方网站公开，实现信息公开透明、对称。政府采用不同的采购方式来支持处于不同发展阶段的企业，如以协议形式进行采购满足资金需求较大的高科技企业，为尚处于创业起步阶段的科技型新企业提供良好的经营环境和发展机会，促使企业间能够良性竞争，使企业稳定发展。

第三，完善政府的财政金融扶持政策体系。英国政府在参与各种风险投资的过程中不干涉各项业务的具体内容，而是发挥其宏观方向把控的角色作用，确保执行单位的作用得到充分发挥，企业和金融机构的积极性和参与性得到充分调动。同时英国政府有效结合直接资助和间接扶持的方式。一方面通过直接资助助推科技创新活动发展，高额资金预算支持科研项目；另一方面通过间接扶持推动科技创新活动，一般是利用财政税收和金融手段。此外，降低政府资助门槛、提高政府资助力度。

第四章　科技金融的创新与发展探微

第一节　科技金融专营机构创新

组织架构体系对金融体系稳定运行和金融机构稳健发展起着重要的作用，尤其在重大战略实施和落地方面，组织架构体系的重要性更为显著。例如，对于银行科技金融战略的落地，组织架构体系为其提供了重要保证和支撑。目前，商业银行科技金融组织体系包括科技金融专营法人机构、机构内科技金融事业部或专业部门、科技金融专业分支机构等。科技金融专营机构是科技金融组织体系创新与考核评价创新的重要载体。由于科技金融独特的风险属性和金融服务需求特点，为避免科技金融业务与传统业务之间的矛盾，理顺业务关系、设立专营机构以承载科技金融业务创新成为商业银行的普遍选择。构建科技金融专营机构有助于促进科技金融业务创新，推进科技与金融深度结合，更好地支持科技企业发展和创新驱动战略。[①]

一、科技金融专营机构的发展现状与作用

（一）专营机构的发展现状

第一，科技金融专营法人机构。浦发硅谷银行是我国银行业首家，也是目前唯一一家专门从事科技创新金融服务的专营法人机构。该行由上海浦东

---

① 陈怡. 浙江省科技金融专营机构的实践经验及国际比较：基于杭州银行科技支行与硅谷银行的比较分析 [J]. 浙江金融，2015（9）：25 – 29.

发展银行和美国硅谷银行于 2012 年合资设立，旨在引进国外科技金融服务的先进经验，探索我国科技金融服务的创新模式，破解我国科技创新型中小企业融资难的问题。

第二，科技金融专营分支机构。科技金融专营分支机构大多位于高新技术区内，有利于为区域内高科技企业提供金融服务。以北京地区为例，鼓励设立专门为科技型中小企业服务的支行、信贷中心等信贷服务专营机构。经过多年的发展，中关村科技金融专营机构取得了长足发展，为六项机制①和四单原则②的落实奠定了良好基础。

科技金融专营分支机构呈现三大特征：①以科技型中小企业为服务对象。为解决科技型中小企业的融资难题，促进科技成果转化和产业化，科技金融专营分支机构开展了多种创新探索服务，为科技企业提供专业化、差异化、特色化的金融服务。②政府部门参与度高。从已成立的科技支行可以看出，科技支行在设立过程、业务开展、资质认定和风险补偿等方面，均能得到地方政府一定程度的支持。目前，我国科技金融专营支行和科技专营支行的发展仍处于初级阶段，这一阶段政府提供一定的政策扶持，对保持较高参与度对科技金融专营支行和科技专营支行健康发展具有重要的作用。③普遍开展与其他金融机构的合作。我国科技金融专营支行除了与政府相关部门协作，也在积极开展与保险公司、担保公司及风险投资等其他机构的合作，为科技型中小企业提供包括风投、上市、理财和资产管理等一站式综合性金融服务。

（二）专营机构建设的积极作用

科技金融专营机构建设为"六项机制""四单原则"的落实奠定了良好的组织架构基础，并为银行业支持科技企业发展开辟了更为广阔的空间。专营机构作为科技金融试点前沿实验地，其组织架构、管理模式、创新产品在试点成熟后可推广至全行，对科技金融全面发展起到了重要的推动作用。

---

① 利率的风险定价机制、独立核算机制；高效的贷款审批机制、激励约束机制、专业化的人员培训机制、违约信息通报机制。

② 单列信贷计划、单独配置人力资源和财务资源、单独客户认定与信贷评审、单独会计核算。

1. 优化银行机构科技金融内部管理，提升服务效能

依托专营机构，商业银行支持科技中小企业的"六项机制"建设得以推进，"四单原则"得以落实。一是加强人才培养。专营机构针对性地建设面向高科技园区科技企业及中小企业的营销和管理体系、培养专业人才。二是创新管理手段。针对高科技中小企业的特点，兼顾银行风险收益平衡和企业持续发展因素，探索建立贷款利率定价模型，综合确定高科技中小企业贷款利率定价；探索建立相对独立的高科技中小企业信贷业务成本利润核算机制；增加基层审批权限、减少审批层级、简化审批流程，建立高效的贷款审批机制。三是创新激励约束机制。调整考核参数，合理放宽不良贷款容忍度，实践"尽职免责"原则，建立风险防范和正向激励并重的激励约束机制。

2. 加大科技金融资源投入力度，提高服务可获取性

银行业依托科技金融专营支行，一是加大了科技金融信贷支持力度，通过提升专营机构在科技金融服务业务方面的流程效率和风控水平，提高了科技企业获取的信贷资金数量，更好地支持了科技企业发展。二是加大信贷产品创新和研发力度，通过专营机构试点推出各类创新型产品，试点成熟后推广至其他区域，扩大科技金融覆盖面。例如，北京银行业创新性地推出供应链融资、知识产权质押贷款、股权质押贷款、银投合作、信用保险贷款、企业联保贷款等一系列信贷产品，多数先在专营机构试点成熟，然后进行标准化推广。

3. 拓展科技金融服务维度，提供综合化服务

科技金融专营机构积极与政府机构、行业协会及其他专业中介机构等建立合作关系，为科技型企业提供集投融资、上市、财务管理、法律政策咨询等于一体的全方位服务。例如，银行机构与创业孵化器、创客中心、双创平台等签署合作协议，以优惠价格提供包括融资融信、账户结算、代发工资、电子银行在内的全方位金融服务。

4. 打造科技金融服务专业组织，拓展科技金融发展空间

作为各行科技金融试点前沿实验地，科技金融专营机构在组织机构、管理模式、产品创新等方面进行的创新和试点对于其他传统分支机构和尚未涉入科技金融领域的其他银行业金融机构具有重大的示范意义。

（1）开创科技金融法人专营新模式。虽然硅谷银行在美国已有多年的科技金融服务成功经验，但我国与美国在科创环境、金融环境与体制、监管体制等多方面存在较大差异，作为硅谷银行与我国本土银行上海浦东发展银行合资设立的法人商业银行，浦发硅谷银行一方面能有效引入硅谷银行的科技金融先进理念与做法；另一方面又能根据我国国情加以改进和适应，从而为银行业科技金融法人专营模式做出有益探索。

（2）探索高层次科技金融体系创新。由于科技金融与传统业务存在诸多方面的差异，仅在分支机构和总行部分条线方面进行改革创新难免受到较大阻力。若从法人层面全盘考虑，设定科技金融战略，从组织架构、风险文化、考核体系、经营目标和策略等方面进行创新，将对银行业科技金融体系创新带来颠覆性的变革，提高科技金融整体创新水平，同时也为其他采取专营支行模式的商业银行提供了一个从更高层次思考和审视科技金融体系建设的角度。

二、科技金融专营机构创新路径探索

以北京银行业为例，近年来北京银行业积极开展符合北京实际的科技金融组织体系创新探索工作，积累了宝贵经验。专营机构作为科技金融发展的创新性组织，从组织体系变革的前瞻探索、初设发展至今，政府给予政策及资源倾斜，其自身不断创新实践，科技金融专营机构逐步走向成熟，取得了一定成效。北京银行业在科技金融组织体系创新实践方面积累了一定经验，给吉林省科技金融专营机构的进一步发展提供了启示。

（一）落实扶持政策

积极发挥政府部门、监管机构对科技专营机构建设的指引作用，总结国内外科技金融先进案例，针对科技金融及专营机构建设，逐步推动评估机制建设工作，加强对科技金融的正向激励。

第一，探索建立科技金融专项评估机制，分层细化科技金融创新目标，初步建立包含定量定性的系统性评估体系，力争全面、客观地反映科技金融及专营机构发展情况。

第二，加强评估结果应用，依据评估结果，树立科技金融标杆机构，给予荣誉、联合表彰，推进差异化扶持政策落地、协调相关部门给予风险补偿补贴，对于科技金融属性不强、无意发展科技金融业务的机构，不再纳入评估体系。

第三，建立动态调整机制，按年度对相关指标权重、数量和种类进行调整，建立更少的资本消耗、更集约的经营方式、更精细的风险管控、更依赖技术产品创新的科技金融发展模式，使评估成为科技金融创新和专营机构发展建设的指挥棒。

(二) 夯实专业服务实力

围绕科技金融创新发展建设，开展科技金融组织体系创新工作，以专营支行建设为重点，同步推进专业分行、专业部门以及投资功能子公司建设。

1. 设立科技金融专营支行

科技金融专营支行应主要从事科技型企业金融服务，建设专门的贷款管理、考核机制和专业人才队伍。目前，科技金融专营支行发展建设在以下三个方面取得了较好的成效。

(1) 搭建专业的科技信贷管理机制。在专营支行，可以针对科技型企业的特征和需求，借鉴创业投资风控模式，建设科技贷款"三查"机制。

(2) 培养科技信贷专业人才队伍。专营支行的建设有利于改变以往支行客户经理、审批人员面向各类型企业的状况，将主要服务于科技创新企业，每日与科技创新企业深度接触，减少银行与科技创新企业间的信息不对称，逐渐熟悉行业特点、企业技术特征及其在业内的领先程度等。在此基础上逐渐形成更贴近科技行业的贷前尽职调查、贷款审批要点，逐步在专营支行形成一批科技行业的"熟人"、专家。

(3) 推动各项支持政策落地。政府部门出台的很多科技金融支持政策，比如对专营机构的补贴、对科技信贷风险的补偿等，目的是对那些真正做科技金融、科技创新企业信贷业务的银行起正向激励作用。但实际上由于银行的科技金融专营支行普遍未实现主要服务于科技创新企业，科技创新企业客户只占支行的一小部分，因此导致政府的支持政策无法落地，或落地效果打了折扣。科技金融专营支行的建设与完善，将成为政府科技金融支持政策落地的有力抓手。

2. 设立科技金融专业分行

支持商业银行在中关村国家自主创新示范区设立分行级机构。与原有的由总行或北京分行直接管理支行相比，设立中关村分行，可以由总行或北京分行直接给予中关村分行一定授权，中关村地区支行的业务可以由中关村分行审批。这样有利于减少审批路径，提高业务审批速度。中关村分行作为分行一级机构，可以更顺畅地与园区当地政府部门、科技中介服务机构、创投、大型科技企业等对接，增强自主发展的动力；中关村分行直接面向科技园区和科技企业，集中了比支行更丰富的人力、技术等各方面资源，可以加大产品研发创新力度。北京银行、中国建设银行北京分行、中国农业银行北京分行等已设立了中关村分行，还有一些银行也表示了设立意愿。

3. 设立科技金融专业部门

科技金融管理事业部应整合前中后台相关资源，改进业务流程，建立产品研发、营销拓展、贷后管理和考核评价有机结合的科技金融业务体系。

科技金融业务部探索实现与公司业务、零售业务、小企业业务类似的条线管理，指导经营单位开展科技金融业务，开展营销及风险控制团队培养、业务管理及考评系统建设等工作。如杭州银行在总行设立科技文创金融部，统筹全行科技文创金融业务，北京分行设立分行科技文创金融部，下设 3 家科技文创金融专营支行，包括中关村支行、上地支行、石景山支行，配备科技金融专职客户经理。现包括支行长在内，3 家专营机构共有专职客户经理 26 人，同时分行风险管理部单独指定科技文创金融专职审查审批人员，开辟科技文创金融单独审查审批通道，目前有专职审查人员 2 人，专职审批人员 1 人。浦发银行总行设立了科技金融服务中心（北京），北京分行相应成立了科技金融业务部，作为分行层面科技金融业务的牵头部门。科技金融涉及的部门包括投资银行部（在基金管理方面）、金融市场部（在资金和通道方面），以及为投贷联动提供客户渠道的各支行。

（三）完善制度建设

北京地区科技企业密集，创投、科技中介服务等各类机构活跃，高度重视科技金融工作，积极搭建科技金融专营机构服务平台。

第一，推出"六项创新"。2015 年 9 月，原北京银监局成立科技金融服务创新工作领导小组，并在《关于北京银行业加强科技金融创新的意见》中将专营支行建设作为推进"六项创新"的基础。

第二，推动专营机构建设。推动专营法人机构探索，设立科技信贷专营事业部，分支机构设立专门的科技金融管理部门，实现条线管理；设立"绿色通道"，支持银行在中关村国家自主创新示范区设立分行级机构，鼓励加大对科创企业聚集区的网点建设力度；鼓励银行制定科技金融特色支行管理制度，鼓励探索设立多种形式的科技金融专营组织，并协同多部门推动非银金融机构设立部门来扩展科技金融创新边界。组织体系创新探索不断取得新突破，中关村区域内设立中关村分行 3 家，特色支行近百家。

三、科技金融组织体系的创新模式

近年来，我国科技金融服务需求日益增长，为尽快提升科技金融服务水平，缓解科技金融服务供需矛盾，实现差异化发展和经营转型，我国银行业金融机构积极探索多种形式的组织体系创新，并取得了一定成效。

（一）银行内部的组织体系创新

近年来，科技金融服务逐步引起业内的关注和重视。在银行内部，实施组织体系创新以适应科技金融服务需求的快速增长成为多数商业银行的现实选择。从我国商业银行的创新组织体系和科技金融相关部门的独立性、专业性及实践情况来看，大致可划分为以下三种模式。

1. 科技金融事业部或专业部门模式

对于尝试在科技金融领域战略层面有所突破的商业银行而言，将科技金融作为独立业务单元纳入经营管理，设立事业部或专业部门，独立核算、自负盈亏、自担风险，形成了科技金融事业部或专业部门科技金融组织架构模式。

目前，以科技金融事业部模式开展科技金融业务的机构以中小城市商业银行或民营银行为主。有的城市商业银行在总行设立的科技文创金融事业部具备一定的人事、财务和考核权限，在业务发展中对业务的指导和授信审批乃至管理都较其他条线相对独立，同时划拨 2 家科技金融专营支行作为事业部直属机构，并将支行的非科技金融业务剥离至其他机构；还有部分中小银行在事业部下设业务中心，为科技金融专营团队开展业务营销、产品推介及客户维护。科技金融事业部下设专营支行的模式探索，目的就是努力在人力资源、业务考核、经营资源调配、风险管理与内部控制等方面独立于银行经营部门或当地支行。

经比较分析发现，选择这种模式的商业银行，通常是新设立的法人机构或是在科技金融领域积淀不深的银行，其组织架构改革阻力较小，又或是地方性中小商业银行，其资产负债规模有限，在战略规划与执行上具有船小好调头的优势。

2. "内设部门 + 科技金融特色支行" 模式

从科技金融服务创新取得一定进展的商业银行来看，其已有了一定的规模和品牌影响力，实践中多由银行公司业务部、小微业务部等部门牵头负责科技金融业务，并形成了"内设部门 + 科技金融特色支行"的组织架构模式，具体到不同机构则有所差异：有的业务在公司银行部或中小企业部下设科技金融二级部门或科技金融服务中心；有的银行则对不同区域分支机构采取差异化组织架构安排，如在科技金融相对发达区域的分支机构中设立科技服务中心或专业团队。

采用"内设部门 + 科技金融特色支行"模式的商业银行，其科技金融业务部门一般不专门单设，往往指定其他业务部门（如小微业务部）牵头。特色支行并不专门从事科技金融业务，而是兼营其他对公和零售业务，因此其科技金融服务在专业、专属方面需要加强。由于多数机构是在业务发展过程中逐渐积累科技金融客户资源，因此逐步从传统组织架构渐变而来的科技金融组织架构更具操作性，在兼具传统业务拓展客户资源、满足考核要求的同时，更能保证科技金融服务的持续发展，在一定程度上为解决短期市场化生存与长期差异化发展之间的统筹问题提供了一种解决方式。

3. "内设部门 + 综合化经营网点" 模式

对于多数准备在科技金融领域有所突破的商业银行而言，在组织架构方面较易实现的创新是在银行总行或分行层面新设一个科技金融部门，或指定公司业务部、小微业务部等部门牵头负责科技金融业务的开展。以综合化经营网点兼营科技金融业务的形式，形成"内设部门＋综合化经营网点"的科技金融组织架构模式。

（二）专营机构式组织体系的创新

1. 科技金融的专营法人机构

我国引入美国硅谷银行模式后，科技金融专营机构经过探索又开辟了新的思路，即科技金融专营法人机构。科技金融专营法人机构作为独立的法人实体，在科技金融市场细分、介入时点、风险管理理念、与风险投资的关系、组织架构、生态圈打造等方面与其他科技金融商业银行存在显著差异，在组织体系方面也有明显创新。

科技金融专营法人机构的主要特征：①整体经营发展及业务定位完全专营，即整个法人只从事少数特定科技行业的金融服务业务，而其他机构往往覆盖较多高科技行业，业务也不局限于高科技行业。②经营管控及业务运营集中统一专营管理，如根据企业的不同需求将前台营销团队划分为早期企业客户团队、成长期企业客户团队和客户顾问服务团队等，并将产品设计、风险控制、信贷审批等集中在总行统一进行。

随着商业银行对科技金融服务创新的持续深化、组织体系建设的现实需求，特别是近年来对民营银行工作的常态化推进，预计在未来的新设银行机构中，将会出现越来越多的科技金融专营法人机构，进一步丰富我国银行业的科技金融服务组织架构体系。

2. 科技金融的专营分支机构

专营分支机构是指中资商业银行针对本行某一特定领域业务所设立的、有别于传统分支行的机构，具备的特征包括以下三个方面：一是针对某一业务单元或服务对象设立；二是独立面向社会公众或交易对手开展经营活动；三是经总行授权，在人力资源管理、业务考核、经营资源调配、风险管理与内部控制等方面独立于本行经营部门或当地分支行。

专营机构只能从事特许的专营业务，不得经营其他业务。从银行业在科技金融领域的实践来看，在专营机构监管指引出台之前，商业银行就已经开始在小企业金融服务、信用卡业务、票据业务、金融同业业务等方面探索专营化改革创新，以适应银行业整体逐步专业化分工的趋势。2009年，四川省成都市率先成立建设银行成都科技支行和成都银行科技支行2家由银行自身认定的科技金融"专营机构"。随后多家银行顺应国家政策导向和银行业转型发展需求，纷纷加强科技金融专营机构建设。但已设立的科技金融专营机构并不能严格符合专营机构监管指引的有关要求，特别是在人员管理、财务管理、自负盈亏等方面不符合特许的专营业务的要求。

依据监管部门关于专营机构的监管指引，我国目前多数科技金融专营机构并不完全属于国家金监总局所规定的专营机构范畴。考虑到我国科技金融发展阶段的制约和银行业的现实情况，建议对专营机构采用相对比较宽泛的界定，即对于商业银行自行认定或政府部门认定的专营机构均一同纳入专营机构的认定范畴，进一步激发银行设立专营机构的积极性。

（三）其他组织体系的创新

投贷联动试点的重要内容——银行设立投资功能子公司，属于科技金融组织体系创新的最新成果，可视为一类特殊的科技金融法人组织。随着投贷联动试点的稳步推进，入围第一批投贷联动试点的商业银行陆续制定了投贷联动试点方案，其中的重要内容之一就是银行专营机构信贷发放与银行下属投资功能子公司进行联动合作。多数试点机构计划新设法人级别的投资功能子公司，用于开展投贷联动试点，股权结构以银行独资为主。

第二节　科技金融生态圈的创新打造

企业战略的本质在于从商业生态系统管理的七个维度①出发，根据生态系统演化各个阶段的主要任务与挑战进行决策，以在系统中取得领导地位。也就是说，企业的竞争优势来自其所领导的生态圈的成功。开展创新创业活动需要

---

① 顾客、市场、产品/服务、过程、组织结构、风险承担者及社会环境和政府政策。

一个有机的环境，即创业生态圈。创业生态圈的概念最早出现于 2005 年。

科技金融管理创新贯穿科技金融创新的始终，组织体系创新、产品创新、服务方式创新、考核评价创新均需要管理创新配套，部分创新内容也可归类为管理创新。如组织架构的变动必然涉及管理考核、报告路线的变化，改造产品设计与审批流程必须要有相应的管理体制与之适应，考核评价创新在一定意义上也可归为管理创新的一种。

在现有科技金融管理创新中，科技金融生态圈建设、科技金融服务人才队伍建设与管理创新、银行业科创企业贷款"三查"机制创新等具有较强的代表性。其中，科技金融生态圈概念的提出是一大创举，其内涵与外延能够有效整合、解释科技金融管理创新各相关方向及领域，为科技金融管理创新的探索提供了有效方法。

一、科技金融生态圈的内涵

（一）科技金融生态圈与科技创新生态圈的关系

科技金融生态圈实际上是从金融角度透视科技创新生态圈。从理论观点出发，一个完整的科技创新生态圈为科技创新创业企业提供了一个跨产业发展的平台，打造了完善的商业基础设施，可以理解为"孵化生态的生态"，所孵化的生态圈之一即为科技金融生态圈。

科技创新生态圈的成员包括科技创新创业企业、投资机构（风险投资机构和私募股权基金）、融资机构（银行/信托公司/融资租赁公司/融资担保公司/保险公司）、中介机构（律师事务所/会计师事务所/知识产权代理机构）、资本市场相关方（企业挂牌或上市的交易所/证券公司/上市公司）、科技研究推广机构（大学/研究所/行业协会）、政府部门（科技行业主管部门/科技园区主管部门）。

科技创新生态圈的成员同时也是科技金融生态圈的成员，但科技金融生态圈强调的是生态圈全部成员的金融功能，目的是为科技创新生态圈中的成员提供完整、高效和低成本的全面金融服务。

在国内，国务院批准设立的国家自主创新示范区具备成为科技创新生态圈的潜力。国务院批准设立国家自主创新示范区的初衷是在推进自主创新和高技术产业发展方面先行先试、探索经验、做出示范。建设国家自主创新示范区对于进一步完善科技创新体制机制，加快发展战略性新兴产业，推进创新驱动发展，加快转变经济发展方式等方面发挥着重要的引领、辐射、带动作用。中关村国家自主创新示范区、武汉东湖国家自主创新示范区、上海张江国家自主创新示范区和深圳国家自主创新示范区是最早成立的 4 个国家自主创新示范区，这 4 个示范区也在科技创新生态圈和科技金融生态圈建设中取得了不同程度的成效。

（二）科技金融生态圈的经济特征

一个生态圈，无论是科技创新生态圈还是科技金融生态圈，并不会在某一地理区域或行政辖区内自动形成。生态圈的形成需要骨干型成员提供价值创造平台，为系统内的专精型成员提供共享的基础设施（包括软件和硬件），并具备经济上的可持续性。例如，对于科技创新创业企业而言，选择成为某个科技金融生态圈的企业并长期驻留在圈内的动力主要来自两个经济动机，即融资成本的降低和融资能力的提高。

一个运作有效的科技金融生态圈应具备三个经济特征：①具备规模经济效应，即投融资机构可将一种产品或服务卖给更多用户，共享供应链能力，机构可据此展开横向并购。②具备范围经济效应，即把不同产品或服务向同一用户交叉销售，共享用户资源，机构可据此展开跨界并购。③可降低交易成本，即机构可垂直整合以自身为核心的产业链，纵向收购上游供应商，或者收购下游分销商，通过一体化并购以降低生态圈内部的交易成本。一个不同时具备规模经济效应、范围经济效应和可降低交易成本三个特征的科技金融生态圈，对圈内用户而言缺乏凝聚力，对圈外企业而言缺乏吸引力，是不可能长期存在的。

二、科创企业贷款"三查"机制

（一）科创企业的贷前调查阶段

商业银行应根据本行发展战略和小企业业务特点，细分市场，研究各类目标客户群的经营规律和风险特征，明确客户的基本准入条件；客户经理应关注并收集客户的非财务信息，包括业主或主要股东个人信息与家庭资信情况、企业经营管理、技术、行业状况及市场前景等。

传统的信贷尽职调查和评级标准主要通过企业过往的财务状况和担保来评价其还款能力，但科技型中小企业由于财务管理不规范、采用轻资产营运方式及缺乏信贷记录等原因，往往无法提供有效财务证明和强制性担保。一般创业投资机构筛选投资项目有以下标准：一是广阔的市场发展空间；二是创新的产品及创新的商业模式；三是富有激情和经验的管理团队；四是相对较高的进入壁垒；五是清晰的法律结构；六是现实的财务规划。创投机构筛选项目的理念、方法，对银行开展科创企业服务是很好的借鉴。

因此，银行适度参考创投的思维和方法探索建设专业化的贷款"三查"机制，充分利用风险补偿，更全面地对企业进行评价。比如，某银行"科技成长贷"设计了针对科技成长企业的打分卡，将初创企业的行业前景、业务增长率、创投关注度、政府奖励情况纳入评分要素，对于评级分数符合条件的企业，直接纳入快速审批通道。某银行在传统企业评级标准的基础上，放宽了科技企业的准入标准。如果信贷审批人员认为企业的成长性符合科技企业特点，这时即便科技企业的评级低于准入要求，仍可纳入服务范围。客户经理根据企业规模和创新能力将企业分为 A 级、B 级、C 级三层报送总行认定，对于 B 级和 C 级企业，仅由专营机构进行针对性服务。

（二）科创企业的贷款审查审批阶段

商业银行应在控制风险的前提下，合理设定对中小企业授信的审批权限，简化审批流程，提高审批效率；商业银行应根据不同客户、不同授信品种的风险特征，有针对性地制定授信审查要求；商业银行可授权授信审查人员一定的授信权，经授信调查、审查后，授信审查人员和客户经理可在权限内决定是否予以授信，并实行双签审批制。

为提高科技型中小企业贷款审批的专业性和效率，部分银行建立了专门的审批通道，配备专职审查审批人员，通过建立双签审批制等手段，对专营机构差异化授权。在审查中，应与贷前调查统一标准，结合对企业未来成长性的判断进行审查，并在实践中力争将相关标准量化，形成符合高成长性科技创新企业特点的评审标准。如某银行总行将部分科技金融产品的审批权限授权给特色分行，并给予信贷工厂（支行级）一定的审批权限，通过将风险官派驻支行，实现支行行长与风险官审批双签（不需再向上一级贷审会），进而提高效率。有的股份制银行在信贷审批部门设置科技金融审批专岗，并对风险控制系统进行改造，科技型企业在上报授信业务时，标识为绿色通道项目，会被优先处理，进而保证时效。有的银行机构参照创投机构建立符合高成长性客户的"七性"信贷评审标准：①企业收入具有连续高成长性；②产品、技术、模式具有相对稀缺性；③经营前景具有可持续性；④商业模式具有合理性；⑤管理团队能力具有全面性；⑥只有资金对企业发展具有唯一关键性；⑦产品、技术、模式上的弱点不具颠覆性。从传统信贷通过审查企业过去的业绩来判断还款能力的方式转变为通过预期未来企业成长性的投资方式。

（三）科创企业的贷后管理阶段

商业银行应制定专门的中小企业授信后管理监测制度，结合授信偿还方式，实施有效的授信后管理。现有银行机构的贷后管理模板大多为全行统一模板，未针对客户规模、行业类别和产品特点，区分差异化的风险检查重点、程序和手段。因此，银行机构应探索实施差异化贷后管理，比如可以借鉴供应链贷款产品的贷后管理模式，通过抓住核心企业的信息节点，掌握上下游企业的经营情况。

以京东供应商为例，银行通过与京东合作，取得众多供应商企业的供货信息和交易信息，如果供货和回款情况正常，则在一定程度上可推断该供应商的风险可控，否则就应提前介入。采用此种方式最大限度地节省了对每家供应商的监控成本，提升了贷后管理效率。针对科创企业的贷后管理，应加强与风险投资机构的信息沟通，合理确定对科创企业的贷后检查频率，将科创企业的成长性和后续融资能力等作为评价要素纳入评价体系。

三、长春市科技金融生态圈建立

长春市是吉林省政府重点关注的经济发展核心城市，长春市科技金融生态圈建立在区域性经济发展的基础之上，涵盖市内大部分商业银行、风投机构及各类中介公司、金融服务机构，力图维系并促进生态圈中各主体间的合作关系。完善的科技金融生态圈，能够为范围内的科技企业提供共享信息、融资通道、信用担保、上市指导等一系列专业性服务，有效改善科技型企业融资难现象，实现科技金融更好更快发展。因此，在长春市构建科技金融生态圈显得尤为关键。

在科技金融生态圈的探索中，浦发银行提出了具有全面性、建设性和启发性的模式。其以"科技小巨人"服务体系为核心，以科技企业成长全过程为关注中心，以科技金融专业化经营体系为目标建设科技金融生态圈。这对长春市科技金融生态圈的建设具有重大参考和借鉴意义，借助浦发银行的科技生态圈概念，长春市可以在已有的科技金融创新服务中心与科技大市场的基础上，整合长春市的各个科技企业、商业银行、风投机构、中介机构等，构建一个灵活的、动态的科技金融生态圈，尽快完善长春市的整体金融环境，构建完善的科技金融体系，以促进长春市的经济发展。

第一，科技金融生态圈应以科技金融服务平台为核心。加强一站式综合式建设科技金融生态圈以长春市科技金融创新服务中心、长春科技大市场这两大平台为核心，整合协调科技企业、科技银行、风投基金的多方融资关系，以评估机构、保险机构、担保机构等中介机构为外围保障，初步构建长春市科技金融生态圈。

第二，以"长春市科技大市场"为建设主体。长春科技大市场，是在近年来长春市高科技企业不断发展的前提下建立起来的，意在为高科技企业在发展过程中的各项问题提供服务。长春科技大市场具备科技资源汇聚、供需链接、服务撮合、技术交易、成果转化五大功能，同时提供了技术交易、仪器共享、知识产权、科技金融、科技培训等八个方面50多项服务。

第三，政府引导下的多方合作。目前，长春科技大市场已相继与本市高校吉林大学签订人才交流协议，与日立咨询（中国）公司长春创新中心签署了重要战略合作框架协议,与专业科研机构签订合作协议。如在科研创新方面与中国科学院电子研究所共同商议就科技企业的科技创新产品进行评定或改善;就科技企业的财务现状与金融机构商定解决与改善建议;就科技企业仪器买卖问题,与其他省市的科技大市场进行沟通:就科技企业人才问题,与本市或外省的各大高校签订合作人才招聘计划等。

第四,五大功能的发展延伸。长春科技大市场主要就"汇聚""链接""撮合""交易""转化"五大功能进行定位。五大功能相互辅助,形成一个完整的闭合回路,初步形成科技生态模式。五大功能相辅相成,初步完成了为科技企业在发展过程中的各项问题提供全方位服务的平台模型。此外,科技大市场还可以建立一个专门收集平台用户意见与建议的平台,并针对不同种客户的建议进行审核,就平台运营过程中可能出现的漏洞进行改正,逐步完善长春科技大市场的各项专业化服务。

四、科技金融管理的创新方式

(一)建设科技金融服务生态圈

积极向科技企业提供开户、结算、融资、理财、咨询、现金管理、国际业务等一站式、系统化的金融服务。建设科技金融服务生态圈,由银行作为科技金融公共服务入口和平台,在银行物理网点集成各方服务机构,通过线上、线下等多种方式,拓宽银行机构的获客渠道,促使银行机构更加了解、贴近客户需求,提升客户黏性,建设科技金融服务生态圈。

(二)建设专业的科技金融服务人才队伍

商业银行应建立中小企业授信管理部门和专业队伍,并加强对授信工作人员的培训,使其更新理念,掌握中小企业授信业务特点和风险控制方法……逐步形成良好的中小企业信贷文化;此外,还应建立激励约束机制,将中小企业信贷人员的收入与业务量、贷款风险、贷款收益等指标挂钩。

有必要建立专业化、条线化的前中后台,一方面保障各环节对信贷风险认知的一致性;另一方面通过建立专门的奖惩机制来提升服务动力。在具体实践中，银行业金融机构在科技金融专业部门和专营支行逐步建设了了解科技行业知识、熟悉创业投资实践的客户经理、产品经理、专职审查审批人员等专业人才队伍，进一步整合了前中后台相关资源。

客户经理、产品经理、专职审查审批人员通过与投资机构共同开展尽职调查、专职审批科技型企业业务，以及进行科技、投资专业培训等方式，增强了专业能力。同时，银行业金融机构针对科技金融人才队伍配套建立专门的考核机制，包括正向激励机制和风险容忍、尽职免责机制等。比如，浦发银行北京分行通过客户经理选拔，建立了科技型企业的投资经理队伍。北京银行客户经理深耕中关村初创企业，通过信贷工厂、小微业务专营支行等形式创新团队建设。杭州银行北京分行专营支行只能开展科技金融业务，配备专职的客户经理和审查审批人员，通过专营、专注实现专业化。

五、科技金融生态圈的实施策略

目前，越来越多的银行在商业生态系统战略思维下构建了科技金融生态圈。如工商银行在"e-ICBC"战略的指引下，推出了作为电商平台的"融易购"、作为直销银行的"融易行"和作为即时通信软件的"融易联"，三者组成一个金融业务与非金融业务交融的、闭环运行的生态圈。又如，兴业银行在构建信息化供应链生态圈中，使用"三大直通车"实现资金的闭环管理，其中"收付直通车"的功能是留存低成本的资金，累积交易数据；"融资直通车"的功能是满足企业的融资需求；"财资直通车"的功能是满足资金增值需求。

风险投资机构和私募股权基金是引导民间资本大规模投资股权的主要金融工具。风险投资机构和私募股权基金方面的金融需求目前在商业银行等金融机构没有得到充分的满足，尤其是闲置资金的理财、LP份额[①]转让和流动性支持这些关键需求与银行业的服务能力存在较大落差。由于股权一级（发起创设）市场的繁荣依赖发达的二级（流通转让）市场，因此目前地方性股权交易市场流通功能不发达的现状无形中削弱了风险投资机构和私募股权基金的长远发展潜力。

---

① LP份额是指基金出资人份额。

商业银行可在科技金融生态圈的战略引领下,打造以风险投资机构和私募股权基金为核心的全产业链金融服务体系,致力于向"募投管退"各环节提供资金募集、项目融资、股权转让、基金份额转让、投资退出等全方位服务。可采取如下实施策略。

首先,打造开放的互联网平台做大生态圈。商业银行可动员风险投资机构和私募股权基金管理机构等核心企业,产业链上游的孵化器、科创企业和产业链下游的证券公司(提供挂牌和上市服务的)、上市公司(有并购意愿的)以及政府机构等相关方入驻平台,并对边际成本较低的普惠性金融服务(如支付结算、资金托管等),以及对风险投资机构和私募股权基金管理机构采用费用减免等策略,以吸引尽可能多的核心企业进驻。

其次,向平台成员提供完善的金融服务,提升客户黏性。一是对于产业链的核心风险投资机构和私募股权基金,为满足其对闲置资金保值增值的需求,商业银行可根据其金额、期限、风险和收益要求特点开发专属理财产品;为了满足风险投资机构和私募股权基金的 LP 份额转让需求,商业银行可与地方性股权交易中心的私募股权基金份额报价系统合作,以适当方式开展基金份额的质押式回购;为了满足风险投资机构和私募股权基金的流动性支持需求,可向一流的基金管理公司提供授信额度。二是对于上游的科创企业,商业银行可以以投贷联动或投贷合作的方式提供融资。三是对于下游有并购需求的上市公司,商业银行可提供"股债贷"多元化融资方式的市值管理服务。

最后,向平台成员提供信息、数据与后台运营服务,降低其成本。一是信息撮合服务。商业银行在互联网平台上建立全国范围股权供给方的信息库(项目库)、股权需求方的信息库(企业库),需求方和供给方可在平台上进行自我搜索和匹配,商业银行居中撮合,从而降低双方交易成本。二是大数据服务。通过平台汇集商业银行自有、第三方的风险投资机构和私募股权基金核心企业,上游的科创企业,下游的上市公司等的结构化和非结构化数据资源,在市场营销、产品开发和风险管理中应用大数据分析结果,降低商业银行和相关方的运营成本与风险成本。三是承接私募基金管理人的后台运营。商业银行通过建立基金业务外包服务系统,向其提供登记、资金清算和估值核算等全流程化系统服务,以规模经济效应降低其运营成本。

在科技金融生态圈战略的引领/指导下，商业银行通过建立开放式平台快速聚集用户，向以风险投资机构和私募股权基金为核心的产业链提供完善的金融与非金融服务，实现多边网络效应并提高客户黏性，从经济意义上降低整个生态圈内的交易成本、资金成本、风险成本和运营成本，促成各方收入的多元化，从而为圈内的风险投资机构和私募股权基金、上下游企业、政府机构等相关方创造更高价值，形成以商业银行为主导、各方相互依赖的共生局面。可以将银行业金融机构的投贷联动作为维系生态圈中各方共生局面的黏合剂。这是由于银行的"投"和"贷"具有增信效应，可使被投资企业股权或风险投资机构和私募股权基金份额转让得更快、估值更高，交易成本大幅降低，使圈内用户更具凝聚力，对圈外企业也更具吸引力。因此，对科创企业的投贷联动创新是商业银行构建风险投资机构和私募股权基金生态圈应迈出的第一步。

六、科技金融生态圈的典型案例

从科技金融生态圈的角度看，硅谷银行作为硅谷银行金融集团的核心子公司，是世界范围内科技银行的样板，该行的客户群既有初创期和成长期的科技型中小企业及成熟期的科技型跨国企业，还有风险投资机构和私募股权基金机构。除了提供传统商业银行业务，硅谷银行还通过投资和收购相关公司，为客户提供综合化金融服务。其主要业务模式：①与风险投资机构合作，向其投资的科技创新创业企业发放贷款并收取较高的利息，以及通过协议获取企业部分认股权；②由母公司硅谷银行金融集团持有认股权，在企业上市或被并购时行使认股权获利；③对于前景好的创业企业，硅谷银行金融集团也会让旗下硅谷银行资本以风险投资方式介入，以获得资本增值。

硅谷银行的成功经验在于"专注、专业、专属服务、协同配合"，具体而言，一是客户定位明确，专为科创企业、风险投资机构和私募股权基金提供金融服务；二是经营模式可持续，采取投贷联动中的"贷款利息收入＋股权期权收益"抵冲高风险；三是风险管理有力，在风险识别环节，重视行业研究，聚焦熟悉的行业，建立自身和外部的行业专家团队，在风险控制环节，利用存款账户监控、贷款协议约束、协同风投和股权投资基金共同开展投后与贷后管理；四是产品线丰富，能够满足科技企业从初创期到成熟期各个成长阶段的不同金融需求；五是综合化经营的协同效应明显，金融集团内各子公司配合硅谷银行开展对客户的"一站式"综合金融服务，体现为集团内从事风险投资和私募股权投资的子公司在硅谷银行的配合下对前景好的科技企业开展股权投资。

以科技金融生态圈的理念解析硅谷银行的经营模式可以发现，硅谷银行作为科技金融生态圈的骨干型企业，为圈内其他成员提供了价值创造平台。平台上的利基型企业既有科创企业，也有包括风险投资机构、私募股权基金和硅谷银行在内的投融资机构，还有为企业上市服务的中介机构。硅谷银行金融集团实际上提供的是以风险投资机构和私募股权基金为核心的产业链金融服务，涉及的领域不限于高科技产业，也包括风险投资机构和私募股权基金所投资的生命科学、高端红酒等行业。

生态圈内的科创企业、风险投资机构和私募股权基金相对于圈外的企业而言，享有融资成本更低的优势。①在交易成本方面，由于硅谷银行通过支付结算等金融服务拥有科创企业的更多非公开信息，因此企业信息更透明，交易成本更低。②在资金成本方面，硅谷银行由于获得了风险投资机构、私募股权基金和科创企业的低成本交易性存款，因此提供融资的资金成本更低。③在风险成本方面，由于硅谷银行只对风险投资机构和私募股权基金筛选通过的科创企业开展风险贷款业务，因此企业的风险成本也更低。④硅谷银行向科创企业提供的债权性融资和硅谷资本向科创企业提供的股权性投资，对企业有较为显著的增信效应，可提高其股权估值并缩短股权转让周期。可见，硅谷银行所打造的科技金融生态圈具备规模经济效应、范围经济效应和较少交易成本三个必需的特征，因此具备可持续发展能力。

第三节　技术助力科技金融创新

一、互联网技术助力科技金融创新

科技金融服务方式创新是指在科技金融领域，通过理念、技术、渠道等方面的创新，实现既有科技金融服务的综合化、高效化、智能化。对于科技金融来说，互联网技术的应用起到了加速金融服务实体经济时效、节约服务成本、降低准入门槛等积极的作用。

（一）互联网技术推动金融业变革

1. 互联网技术推动互联网金融发展

（1）互联网技术与金融的结合——互联网金融。互联网可从技术角度划分为桌面互联网、移动互联网，即将进入分布式互联网。互联网金融的演进与互联网技术的发展相伴相生，经历了以下阶段：一是互联网技术发展迅速，主要经历了应用于军事科研领域的早期阶段、商业化应用的中期阶段以及大数据应用的现期阶段。特别是具备巨大数据规模、多样数据类型、快速数据流转、动态数据体系以及巨大的数据价值特点的大数据时代，推动了信息数据是重要资产、是新型生产要素的理念逐步从互联网行业向其他行业渗透，并进一步推动了移动互联网、物联网及云计算的发展。二是互联网与金融业加速融合。三是互联网理念的广泛运用。互联网技术应用所形成的互联互通、数据价值、用户至上、技术创新、快速迭代的特征与金融功能深度融合。"开放、平等、协作、分享"的互联网精神是促进"普惠、快捷、去中心化"的互联网金融业态兴起的重要因素。

（2）互联网金融的功能及特征。

第一，互联网金融逐步形成"四大功能"属性：一是资源配置功能。互联网金融本质上是一种直接融资方式，不需要经过银行、券商、交易所等传统中介。在供需信息完全对称、交易成本极低的条件下，互联网金融形成了充分交易可能性集合，双方或多方可同时进行，极大地提升了资源配置效率。二是支付清算功能。金融史就是支付领域的创新发展史。互联网支付的出现源于社会对支付便捷、低成本化需求的提升。以移动支付为代表的互联网金融支付逐步形成新的支付链条，并开始为线下企业提供支付结算服务。三是信息处理功能。信息是金融的核心，是金融资源配置的基础。互联网金融利用大数据、云计算，以及社交网络生成信息等，加强搜索引擎应用，强化对信息的组织整理和挖掘使用，提高信息使用效率，降低信息不对称。四是平台支持功能。"平台、数据、金融"是互联网金融的三大核心要素，通过互联网搭建虚拟化的综合平台，促进参与各方的信息交互、资金交易、权益交换及相互合作等。

第二，互联网与金融的深度融合，互联网金融相较传统金融呈现出的不同特征包括以下内容：一是客户对象长尾化，与传统金融服务偏向"二八定律"不同，互联网金融侧重于80%的长尾客户群，延长了现代金融的服务半径，扩大了服务覆盖面，体现了普惠性；二是风险管控数据化，利用大数据进行风险预警、模型构建及防范处置，实施动态的数据化风险管控模式，提供及时的决策信息支持；三是成本管理精细化，互联网金融积极改变传统金融机构物理网点、信贷审批、风险管理等金融成本较高的问题，通过批量化和快速复制式的业务处理方式，有效降低成本；四是金融服务高效化，互联网金融大力推进渠道创新和产品创新，强调客户体验及满意度，精简业务流程、压缩受理周期，有效提升金融服务效率；五是管理运行线上化，借助互联网进行运营管理、产品营销，注重标准化、可复制、易操作的金融产品特性，专注于互联网线上操作运营。

2. 互联网金融的发展模式

互联网金融的发展模式主要包括以下三种：

（1）支付模式。支付模式是互联网金融的早期形态，其金融风险相对较小，呈现出稳定发展的态势。

（2）融资模式。借鉴发达国家相关模式，结合我国国情发展形成了众筹融资等点对点直接进行资源配置的互联网金融模式，并经过了创新引入、无序发展、风险爆发、监管规范的发展路径。

（3）理财模式。主要为金融产品与互联网相结合的理财产品。

（二）互联网金融对传统金融业的影响

互联网金融改变了信息的传播技术，启发了多边市场意识，对传统金融业的信用中介、支付中介和金融服务等主要功能形成了冲击，推动社会资本配置模式由金融中介主导向金融市场主导转变。对此，传统金融机构调整战略方向、优化业务流程、加快迭代创新、创设服务平台，推进与互联网金融的融合发展。

1. 传统金融业的发展战略及业务模式

互联网金融服务方式的虚拟性、业务边界的模糊性、产品服务的开放性、信息挖掘的广泛性，使传统金融机构在社会融资体系中资金成本及信息资源的优势降低，动摇了传统金融机构在社会融资中的垄断地位，对支付业务、融资业务、存款业务、资管业务等带来了明显的挑战。互联网理财、P2P平台、第三方支付、股权众筹、网络保险等多种互联网金融产品冲击了传统金融业的基本功能。资金脱媒、渠道脱媒、信息脱媒、客户脱媒的趋势显现，互联网金融客户体验、流量导入、迭代创新、长尾效应的特点促进了传统金融业发展战略及业务模式的调整。

传统金融机构不断审视自身发展战略、经营理念和盈利模式。有的机构把互联网金融放在改革创新和发展转型的战略位置，积极利用自身信息技术、网点规模、金控平台等实力，在深耕传统金融业务的同时，牢牢抓住"平台、数据、金融"三大要素，积极跨界打造应用场景更加丰富的互联网金融平台和泛金融生态圈，大力推动创新技术与传统业务的深度融合。但也存在有的机构在业务规模和效益考核导向下，等待观望，缺乏创新动力和资源投入等问题。

2. 传统金融业的信息数据与风险管控

相对于传统金融机构，互联网金融企业的主要竞争优势是掌握商户及消费者的经营、消费等核心信息资源，涵盖注册信息、支付交易、信用记录、客户评价、纳税海关等结构化信息，以及社交关系、产品偏好等非结构化信息，并运用大数据进行信用审批、风险管理及动态预警。互联网的发展深刻改变了客户的商业行为及消费习惯，而传统金融机构掌握静态独立、零散分割的信息，缺乏对全面经营行为、资金动态、上下游关联等信息的动态把握，形成信息"割裂"及"断层"。在互联网时代，对大数据的应用已成为决定企业经营成效乃至国家竞争力的关键因素，更成为风险管控的有效手段。

部分传统金融机构加快信息化转型，加大了对信息的集中整合、共享挖掘程度，促进了经营决策从经验依赖向数据依赖转化，推动了信息流、业务流和资金流的深度整合及流动。同时依托信息化和大数据，金融机构从被动防控风险提升为主动预警风险，从单体式、经验式风险防控向标准化、自动化方式转变。积极借助信息技术和大数据分析方法，对客户账户、指标变量等海量信息进行数据分析，开发应用系统、构建风险模型，动态监测相关数据信息，量化风险并及时预警，提高风险防范、化解及处置能力。

3. 传统金融业的客户渠道及产品创新

互联网金融发展尚未对传统金融业客户总量造成重要影响，但客户结构、金融行为、营销渠道已发生深刻变化。一方面，互联网金融的"鲇鱼效应"促使传统金融机构加速与互联网机构抢占市场份额，导致传统金融机构的客户黏性逐年降低，产品创新吸引力下降；另一方面，互联网时代下金融业务办理渠道经历了网点柜面—自助设备—PC（个人计算机）终端—移动终端的变迁，移动数字设备的普及对传统金融业务渠道形成了冲击。同时，互联网金融运作模式强调互联网技术与金融核心业务紧密结合，大力创新高效便捷、跨界整合的业务模式及金融产品，对传统金融市场造成了冲击。如以阿里小贷为代表的相关网贷产品影响了小微及个人信贷产品模式，以余额宝为代表的互联网理财产品对银行、券商、信托理财产品市场带来了一定挑战。

有的传统金融机构积极探索实践互联网金融以客户为中心、服务一体化的模式，加强电子渠道建设，物理网点转型改造，强化线上线下的协同。如商业银行智能化网点、社区银行、直销银行、移动银行不断推出。同时，有的传统金融机构在强化大中型对公客户、高端私人客户等金融服务和产品供给优势的基础上，加快产品和服务更新迭代，借助互联网渠道和平台推动移动支付、互联网理财、小额信贷等产品创新，加大互联网金融产品的自主研发，积极通过线上线下融合模式为融资需求和理财需求进行快速交互匹配。

4. 传统金融业的组织体系及管理机制

互联网金融创新需要决策迅速及高度协同的组织体系，以及良好高效的管理机制。以银行为代表的传统金融机构管理链条长、业务审批环节多、沟通协作成本高、市场响应速度慢，不能满足互联网金融流程精简、决策高效、快速迭代、效率至上的发展要求。因此，传统金融机构的业务设置、流程管理、部门协同等方面需要改进和完善。

有的传统金融机构依托自身在风险管理、金融人才储备、投融资专业化、资本规模等方面的优势，积极研究互联网金融企业的组织模式、技术创新和服务理念，以此推动建立标准化、模块化、平台化的流程架构，推动跨条线及跨层级的资源整合和流程重组，构建无边界合作的网络化组织架构，增强多部门的协同及融合；整合与线上线下业务相关的组织架构、信息系统、制度流程及运营平台，如商业银行将一些线下运行较成熟的信贷产品的申请签约、发放还款等流程迁移到线上，提高了业务办理效率和便利程度，实现了从传统线下组织向线上线下相融合的集成性组织体系的转变。

（三）推进传统金融业"互联网＋"发展

传统金融机构与互联网机构要加强合作，实现优势互补。互联网与金融的深度融合及推进发展是大势所趋。我国传统金融业及监管部门必须站在深化金融改革、丰富多层次金融体系、提升服务质量、促进创新发展的高度，进一步深化在战略导向、发展模式、风险管控、服务创新等方面与互联网金融的融合，加强金融监管和外部环境优化，提高金融服务实体经济和人民群众的针对性、有效性和普惠性，促进传统金融业"互联网＋"健康持续发展。

1. 革新理念，主动增强发展导向

从发展历程、主要特征及风险特点来看，互联网金融是互联网思维、互联网精神对传统金融业的发展模式完善、业务流程再造及体制机制重塑。传统金融业在发展转型的关键时期，必须进一步深化与互联网金融的融合，主动进行理念革新及战略调整，把创新作为驱动发展的新引擎。

（1）强化整体推进。要发挥公司治理的核心保障及发展战略的导向引领作用，传统金融机构的"三会一层"① 要深刻认识到互联网金融对传统金融业运行机制及发展模式产生的深远影响，以发展的眼光看待冲击与影响，以融合的姿态迎接挑战和机遇。从法人层面进行全局规划、自上而下整体推进，着重从组织架构、发展战略、体制机制、激励考核、人才储备等方面进行研究谋划。

（2）明确发展战略。将互联网金融发展战略与自身战略紧密结合，短期

---

① 股东大会、董事会、监事会和高级管理层。

要完善人员组织体系和加强队伍建设，注重对互联网金融的客户体验、渠道营销、场景应用及平台建设的借鉴，积极完善信息流、资金流、渠道流的整合运用；中期要深化与互联网金融的融合创新，优化存量网点布局及业务转型，注重发挥传统金融机构线下服务的优势，以及线下服务与线上高效服务的有机结合，推进金融服务与电子商务、社交网络、移动终端、数据应用的融合，强化对原有产品服务的创新升级，实现经营管理模式的智能化转型；长期要突出大数据运用及风险管理能力的提升，注重信息技术重点领域和关键环节的创新突破，确定差异化的互联网金融发展领域及方向。传统金融机构要坚持战略定力，允许存在一定的试新试错空间，适当延长利润回报临界期限，以集团化、协同化、长期化战略布局互联网金融。

（3）创新商业模式。互联网发展改变了基本商业竞争环境、运行规则及盈利模式。传统金融机构应适应利率市场化和金融深化趋势，从现有重资本的经营模式向重资本、轻资本并重的经营模式转型。由金融产品服务提供者向建立产业供需连接点、搭建平台生态圈转变，积极顺应互联网免费化、社群化、互动化特点，尊重客户体验、解决急切"痛点"、交互跨界营销，利用差异化的延伸价值和增值服务创新商业模式。

2. 强化风控，建立相适应的风控策略

金融的核心是风险管理，任何时候传统金融机构都不能忽略互联网金融的本质，都应将良好的风控能力作为发展互联网金融的核心竞争力。

（1）完善风险管理策略。针对互联网金融风险的形成机制、触发机理、传染路径的新特点、新规律，传统金融机构要重新审视和完善自身的风控策略、风控体系及工作流程，明确风险路线、预设风险防线、筑牢风险底线；完善风险治理架构、管理体系及绩效考核机制，注重风险管控的专业性、严谨性与风险化解能力的便捷性、安全性的相互平衡。

（2）创新风险管理手段。从短期来看，互联网金融中大数据运用风控实践还较为单薄。传统金融机构还应积极运用线下风控手段进行纠偏验证和有效补充。从长期来看，传统金融机构应充分利用已有数据资源，持续丰富结构化和非结构化数据，提高风险数据的应用增值能力，加大对信息数据深层次、多维度的挖掘分析，积极推进以往单个账户及客户、单一业务品种和产品类型的碎片化风险管控方式的改革，加快向业务产品关联、上下游贯穿及跨账户交易的信息流风控方式转变。

（3）提升风险管理水平。以互联网金融数据库平台为基础，运用大数据、云计算等构建风险管理模型，加大与传统风险管理方法的融合，开发"评分卡"等综合信用分析方法、风险预警及处置系统，提高风险定价和风险管理效率；加强对信息科技风险、操作风险等互联网金融特有风险的识别、防范及控制能力。重视将信息使用授权和信息安全保护提升到全面风险管理的重要位置，既要做好信息共享、交叉营销，又要严格规范信息使用授权审批。

3. 加强监管，提升功能监管的有效性

（1）健全监管协调机制。各监管部门尽快出台、完善相关法规细则，强化监管联动和定期会商沟通规则；打造开放共享的信息平台，提高跨部门信息处理性能和效率，实现内外部的信息交互和流程协同，建立监管效率和市场发展的持续评估制度，努力形成各部门相互支撑协调的监管框架。

（2）强化功能监管。坚持包容鼓励、创新规范的监管理念。坚持监管负面清单、底线思维及监管一致性。以风险监管的目标导向代替过程干预，在风险可控的前提下，给互联网金融试新试错空间，弱化对具体实施策略的过分关注，鼓励充分利用大数据技术和互联网思维拓展金融深度和广度。

（3）提升监管专业水平。监管者要积极适应互联网金融线上线下的金融服务增值延伸，综合化经营和金融、非金融跨界融合的监管环境变迁，提高跨领域协调解决复杂问题的综合能力；强化"与市场同在"和"寓监管于服务"，发挥金融配套服务职能，简化冗余监管流程，强化复合型监管人才培养及队伍建设，提高监管的有效性。

（4）坚守监管风险底线。强化宏观审慎监管协调，加强风险隔离及防控机制设计，坚持互联网金融不参与非法集资等监管红线，注重防范互联网金融对传统金融体系的风险外溢效应，守住不发生区域性和系统性风险的底线。

4. 突出重点，深化服务实体经济的本质定位

互联网金融要遵循服务实体经济、服从宏观调控和维护金融稳定的总体原则，传统金融机构要积极借鉴互联网金融技术手段。

（1）着力提升普惠金融服务水平。发挥互联网金融在促进中小企业发展

和扩大就业方面难以替代的积极作用。传统金融机构要积极利用互联网延展和深化"毛细血管",在更广泛的地区提供便利的存贷款、支付结算、信用中介、权益保护等金融服务,进一步拓宽普惠金融服务范围。

探索建设创新型互联网平台,发展网络金融产品销售平台,完善服务实体经济的多层次金融服务体系。利用互联网技术推动增信体系建设,支持传统金融机构创新基于互联网技术的金融产品、服务工具及业务模式,更好地满足中小企业、"三农"及个人的投融资需求。

(2)着力支持科技金融服务创新。创新产业资本以科技型、知识型、中小型及轻资产为特征,为互联网金融与创新产业资本耦合提供了良好的机遇。传统金融机构要以互联网理念、思维及技术手段推动业务向线上和移动端迁移,让创新科技型企业可以在线自助申请信用评级和金融服务,提升业务处理的便捷性和自动化水平;注重发挥互联网对科技金融"众创、众包、众筹、众扶"的作用,依托互联互通、平台建设及信息交流等方式,推动传统金融机构与创业投资、网络融资等合作,深入推进银行机构投贷联动机制建设,完善知识产权质押贷款的信用激励机制、风险补偿分担机制;充分利用股权众筹、网络融资、网络保险等互联网资源,促进形成社会资本投向科技型、创新型、创业型企业的资本筹集机制,进一步拓展金融服务科技创新的广度及深度。

(3)着力服务国家重大战略的实施。主动服务"一带一路"建设、京津冀协同发展及创新驱动发展等重大国家发展战略的实施。建议当前可研究对京津冀协同发展等区域金融合作进行创新,通过区域性综合金融平台建设等,推动区域金融要素市场互联互通,促进各类金融资源合理、高效、有序流转,实现区域内信息共享及资源整合。科学集成融资服务、咨询服务、财富管理等金融服务,动态满足"大众创业、万众创新"的特色化金融需求。

5. 优化环境,强化配套支撑

互联网金融健康发展必须依靠监管环境、法律环境、文化环境、安全环境等的持续优化,建议优先做好以下三个方面的配套支撑:

(1)完善法律法规。修订和完善相关法律法规,加大对互联网金融犯罪的量刑力度,严厉打击非法集资等金融违法犯罪行为;完善在数字签名识别、电子交易凭证保存、个人涉密信息保护等方面的规定，明确各市场主体的权利、义务及责任；完善互联网金融的统计分析制度，注重监管协调，加强信息披露及市场约束，明确信息披露的指标定义、范围频率等。

（2）加强金融消费者权益保护。针对互联网金融发展个性化、碎片化、微小化的特征，引导金融消费者厘清传统金融与互联网金融的区别，认清互联网金融的主要性质及实质风险。积极构建在线申请、现场受理、第三方调解及仲裁等多元化纠纷解决机制。突出交易支付、信息安全等的事前风险提示和投资者教育，强化行业自律规范，严厉打击损害金融消费者相关权益的行为。

（3）建立互联网金融技术标准。防范由互联网技术所带来的信息科技风险，加大互联网金融在软硬件方面自主知识产权的信息技术研发力度，提升防火墙、数据加密、智能应用、信息挖掘等关键核心技术，减少对外依赖。

（四）改进科技金融服务方式

"互联网＋"正在改变着人们的生产方式、生活方式和思维方式，"互联网＋金融"以其普惠性、个性化以及便捷性给银行带来了巨大冲击。银行需把握自身核心竞争优势，推进金融服务互联网化，将客户数据转化为价值，完善风险定价体系，同时与互联网企业加强互融合作。

对于以科技创新创业企业为主要服务对象的科技金融而言，互联网等新兴技术的运用可以极大地降低信息的获取、处理和传播成本，使得基于标准化信息的信用评级体系的准确度和有效性得以大幅提升，从而部分解决传统金融业在科技金融服务方面存在的信息不对称、抵质押物价值评估及变现困难、融资时效性要求高和成本收益不匹配等问题，在一定程度上有助于打破传统金融业科技金融服务能力和效率瓶颈，提升科技金融服务质量。

1. 树立系统思维

（1）注重客户体验，改进金融服务。以客户为中心，尊重客户体验是互联网金融的突出特点。充分整合客户的各类信息（如存款、贷款、支付、交易流水等），通过大数据的集成挖掘分析客户的金融需求偏好，为客户打造符合科技企业发展特点的金融产品和服务。

（2）以银企直联为核心，建立新型网络融资平台。银企直联操作模式是银行机构通过银行业务系统与企业 ERP 系统①的互联互通，将企业系统中的基础交易、应收账款、财务流水、供应链上下游企业融资申请等信息与企业在银行的账户信息直接联通并形成实时联动。对于企业而言，可以直接在财务系统中看到本企业在银行的账户变动情况；对于银行而言，可以直接掌握企业的财务经营情况，以及其与供应链上下游企业的资金往来情况。因此，银企直联操作模式有效降低了银企之间的信息不对称性，在保证企业收付款信息真实性的同时，还可以减少大量纸质资料的传递，不但简化了操作流程，提升了效率，还可以有效防控风险。

建立针对科技型中小企业的新型网络融资平台。针对科技型中小企业贷款准入难、审批难、担保难等困境，通过对企业 ERP 系统历史交易数据进行分析，向企业及其供应链上下游企业提供基于大数据的信用类贷款。以某银行的数据网贷产品为例，该产品充分利用银企直联系统的数据，在贷前准备、资料提交、业务流程等方面进行了创新，明显提高了业务处理效率。

（3）打造多层次平台，提升差异化服务客户能力。

第一，加强内部互联网技术创新，搭建业务发展平台。通过门户网站、手机 App、微信公众号等平台建设，强化与客户的互动，提高科技金融服务效率，拓宽客户投资渠道。

第二，推动互联网直销银行。应避免同质化竞争，提升获客能力。互联网直销银行，不同于网上银行仅作为商业银行渠道、业务和服务在互联网上的延伸，而是完全建立在互联网上的银行，强调简单、透明、高效、低门槛进入。互联网直销银行几乎没有实体机构和分支机构，不受地域限制，可以跨区域开展业务，可以更广泛地为科技型企业提供金融服务。

第三，打造综合金融服务平台。中小银行由于自身牌照受限等原因，难以提供多元化综合金融服务，因此应该加强与其他金融机构、互联网机构的

---

① ERP 系统是为企业员工及决策层提供决策手段的管理平台，经过发展已成为重要的现代企业管理软件/手段，是一个实施企业流程再造的重要工具，其核心思想是供应链管理。它从供应链范围去优化企业的资源配置，优化了现代企业的运行模式，反映了市场对企业合理调配资源的要求。它对于改善企业业务流程、提高企业核心竞争力具有显著作用。

合作，打造综合经营平台，打破传统金融行业的界限，满足科技型企业不同发展阶段的不同金融需求。

2. 整合科技金融服务渠道

对于科技创新创业型企业而言，由于缺乏基本的银行信用记录，难以满足银行信贷审查要求，因此融资难问题较为突出。能否准确了解、筛选优质客户，并将这部分客户转化为银行的客户，成为银行业能否有效支持科创企业的基础。

（1）优化业务流程，挖掘客户数据价值。商业银行可通过互联网利用云计算、大数据改进业务流程、优化数据处理和服务，包括对业务前台、中台、后台的集中管理，大大缩减业务流程，完善内部管理，这种效果在分支机构相对集中的中小商业银行中体现得尤为明显；以现代信息技术为载体，充分发挥数据挖掘功能，帮助商业银行发现潜在的客户群体及其服务需求；扩大客户信用数据范围，提升客户信用透明度，增强银行的风险管理能力。以北京银行股份有限公司为例，该行充分发挥区域优势和业务特色，积极探索新型获客模式。其中关村分行以中关村国家自主创新示范区为依托，尝试打造线下投贷孵联动、线上合作互动的社区，实现"互联网＋创客""互联网＋资本""互联网＋信贷""互联网＋孵化"，通过定期举办创业者沙龙，为企业主提供交流咨询的平台，并深入了解客户需求，实现定制化服务。

（2）依托互联网技术，完善科技金融风险控制机制。针对科创企业的融资需求，商业银行通常面临的问题是科创企业自身技术实力、创业项目本身前景、增信方的还款能力以及抵质押物的价值等，这些构成了传统融资项目的主要风控内容。而对于科技金融而言，银行不能孤立地、静止地看待一个项目的风控信息，不能只对其财务报表中的关键信息进行简单分析，而要对项目的真实进展情况、财务指标背后的数据逻辑、项目相关方的多种信息加以分析处理，充分利用相关数据资源来提升风险识别的全面性。

第一，发挥自身风控优势，创新风控技术手段。风险控制主要依靠的是多年积累的客户信息、风控技术和风控人员。商业银行传统的风险定价体系，与企业的资产规模、财务状况、资金流量和个人的身份地位、收入水平、资产规模等有密切的关系，资产抵押或质押是缓释风险的主要方式。互联网金融相关机构对企业的信用评级依靠金融主体的交易行为来判断。

第二，整合多场景资源，实现信用评级和风险预警。部分银行机构建立了以信用评级和风险预警为主要功能的数据整合平台，整合了金融、社会、互联网及内部数据，如内部核心系统、信贷管理系统、网银系统、个贷系统等几十个业务的交易数据、账户数据和客户基础数据，并以此为基础开发风险数据集市、资产负债管理集市、监管报送集市等多个内部数据集市；外部数据有中国人民银行、工商、税务、法院、环保、海关等信息渠道，并运用网络爬虫技术抓取公共网络媒体舆情信息，逐步实现了多样化、多层次的内部数据与外部数据整合、线上数据与线下数据整合、结构化数据与非结构化数据整合、传统信贷评级数据与投资机构尽职调查数据整合，有效缓解了传统银行通常存在的"信息孤岛"问题。

对于已推出自建电商平台的银行机构，应结合自身定位开展业务，"跳出电商做电商"，借助电商平台获得金融场景入口，整合金融消费者、生产制造企业等上下游信息资源，充分发挥消费信贷、支付结算、自身信誉、客户资源、线下渠道等方面的优势，扬长避短，提升差异化竞争能力。

第三，通过人脸识别等技术，创新科技金融业务验证方式。基于身份认证对账户安全和信用风险的重要性，各银行机构应积极优化身份认证的手段，对人脸识别技术、银行卡交叉校验方式进行积极探索，将这些方式作为风险管控的有益补充措施。同时，部分银行机构还应引入第三方权威电子认证服务机构，对客户申请行为进行电子认证，使用可靠的电子签名，生成与纸质协议同等法律效力的电子协议，提高业务办理效率。部分银行正在探索组合多种验证方式以达到准确识别客户身份的目的，一旦中国人民银行放开远程开立 I 类账户，商业银行就有望通过新兴技术组合、探索和尝试，实现客户身份识别、实名认证、限额控制、安全控制、客户权益保障等方面的功能，为电子账户的开立和有效性提供技术支持，从而进一步提升金融业务服务效率。

二、5G 技术助力科技金融创新

5G（5th Generation Mobile Communication Technology）是指第五代移动通

信技术，是未来信息基础设施建设的重要组成部分。它可以进一步提升用户的网络体验，满足未来万物互联的应用需求，是各行各业数字化转型与升级的重要途径。5G新动能架起了桥梁，打通了产业鸿沟，成为科技金融发展的加速器。

（一）5G技术的功能特征

5G无论在网络速度还是在网络容量方面，都有了质的飞跃与提高。具体而言，5G具有速度更快、功耗更低、时延更短、覆盖更广的特征。

第一，速度更快。5G时代的极大优势即网络速度，5G克服了4G网络带宽小、速率低和时延长的瓶颈，用户可以感知到"弹指一瞬"的速度。

第二，功耗更低。智能产品、物联网服务的普及离不开能源与通信的支撑，而能源的供给更多依赖电（电池），故通信能耗的降低是"重头戏"。

第三，时延更短。超短时延是5G的重要特性，这是远程医疗、在线教育、财会管理等对网络时延和可靠性的高品质要求的结果。3G时代端到端的时延为几百毫秒；4G时代端到端的时延约为10毫秒，5G时代端到端的理想时延为1毫秒。5G实质上是以相关技术为驱动，从人与人、人与物、物与物的连接延伸到万物互联。

第四，覆盖更广。5G网络将全方位覆盖社会生活，主要表现为两个方面：①广度覆盖，指5G网络能够覆盖人迹所至的地方，包括偏远地区、丛林峡谷区域；②纵深覆盖，指5G网络可以对移动通信（如信号稳定性等）进行更高品质的深度覆盖。

（二）我国5G产业链日趋成熟

我国在5G网络建设和应用实践方面基本处于世界领先水平，未来以5G为代表的新基建投资将成为我国经济的新增长点。5G突出的性能目标是高速率、低时延、大系统容量及大规模的设备连接。基于5G的以上特性，原本需要固定带宽支撑才能实现的应用，可通过无线通信得以实现，从而提升外部场景输出效率，促进数字科技的远程精准输出和实时精细支持，营造便捷高效的开放生态。我国在5G网络建设和应用实践方面基本处于世界领先水平。

（三）打造"零接触式服务"科技金融银行[①]

5G 技术的落地应用只是民生银行新技术应用实践的成果之一。后续，民生银行将全力推进分布式、云计算、大数据等八大前沿技术的落地应用，加速民生银行科技金融银行建设。民生银行高度重视金融科技的发展，将"科技金融的银行"战略提升到全行改革转型战略的层面，以"数据＋技术"双轮驱动，引领全行业务转型升级。

《中国民生银行科技金融战略发展规划（2019—2022 年）》，布局分布式、云计算、大数据、人工智能、物联网、5G、区块链、生物识别八大前沿技术应用，全面推动科技应用能力转化为金融业务竞争力。2020 年 5 月，民生银行综合发挥 5G 技术的效能，推出首家 5G 手机银行，提升客户体验，开创了数字金融的全新时代，升级全行技术架构、应用架构及基础设施，支持 5G 等新技术快速落地及规模化应用，打造支撑智慧银行快速发展的架构体系，奠定了"零接触式服务"科技金融银行的建设基础。

1. 运用 5G 创新业务模式，打造"零接触"线上服务体系

民生银行结合人工智能、大数据、AR（增强现实）、物联网等技术，将 5G 应用于移动金融领域，在业内首推 5G 手机银行。围绕"交互体验创新、智能服务创新"两大方向，打造了"语音交互、视频服务、视觉动效增强、远程银行专属服务通道、人工智能搜索服务、优化升级的安全防护"六大亮点功能，颠覆了传统手机银行服务模式，实现以技术为引领的业务创新。

第一，语音交互。5G 手机银行对语音导航做了升级，把智能语音系统看成非常关键的交互入口，借助 DNN（深度神经网络）的去噪算法提高语音识别的准确率，提升用户操作手机银行的便捷性，而且 5G 版语音导航的界面还使用了海洋的风格，让客户感受到了深沉、辽阔的视觉盛宴。

第二，视频服务。利用 5G 网络短延时和高带宽的特点，借助自主研发的支持 HLS 协议（基于 HTTP 的自适应码率流媒体传输协议）和 TS 切片（传输

---

① 毛斌. 运用 5G 技术，打造"零接触式服务"的科技金融银行［J］. 中国金融电脑，2020（8）：27－31.

流切片）的视频播放组件，不仅可以把网络带宽充分利用好，把流量和性能考虑到，还可以深度探索金融服务和视频直播相结合的实际场景。用非金融的服务场景作为起点，如子女教育和财经知识、税务讲解和健康讲座等，从而对客群运营的新业态进行不断尝试。

第三，视觉动效增强。此模式不但丰富和完善了手机银行的视觉体验，借助客户端和前端 Animations（动画）技术，重塑了一些重要的功能模块，如财富和账户查询等，而且强化了动画效果的设计感。

第四，远程银行专属服务通道。该模式不仅给 5G 用户铺设了远程的银行专属通道，而且在接入和通话期间还加入了 5G 的专属标识，让 5G 版的客户足不出户就能体会到贵宾级的专业金融服务。

第五，人工智能搜索服务。在人工智能技术的基础上，构建线上智慧大脑，推出许多智能功能，如智能日历、智能推荐和智能搜索等，借助支持中文分词的 ES 构建了智能搜索的引擎系统，准确识别用户的需求，让用户感受到搜索即所得和搜索即服务的体验。仿真的客服给用户提供业务办理和咨询的服务，在满足客户潜在需求的同时，还能推动产品营销转化。

第六，优化升级的安全防护。民生银行的 5G 手机银行将手机 U 宝推到了大众面前，运用了"数字证书 + 安全芯片"双重手段，保障了用户的资金交易安全。

2. 升级全行技术架构及应用架构，支持 5G 等新技术落地

为支持 5G 等新技术在线上服务体系中的快速落地应用，民生银行升级全行技术架构及应用架构，进一步优化平台，从开发框架升级为面向多移动应用的 PaaS 平台，提升交付产能；开放并完善统一电子渠道平台，提升渠道线上服务能力，对服务能力进行场景线上化改造，通过构建线上渠道与外部平台间的协同化开放体系，实现"业务场景 + 运营管控"的双重能力提升。

（1）在全行技术架构方面，升级 Firefly 技术平台，支持 5G 等新技术快速落地。Firefly 技术平台覆盖了客户端、前端、后端各个技术领域，为 5G 手机银行等线上服务体系提供了从开发到运营的全方位服务及支持，有效提高了民生银行移动应用整体开发效率及安全级别。

（2）支持 5G 等新技术快速应用。民生银行统一电子渠道平台在流量、安全等方面为 5G 手机银行提供了可靠的基础支撑，支持应用的快速开发、交付。统一电子渠道平台是基于微服务架构、以技术栈构建的面向互联网的全渠道金融服务平台，打破了传统电子渠道间的壁垒，为跨渠道协同、金融产品快速迭代、统一的互联网安全管控及服务治理提供平台支撑。

3. 升级全行基础设施，支撑 5G 等新技术规模化应用

民生银行为了提前布局好 5G 时代所带来的业务变革，对全行的基础设施进行升级。在网络设施层面，借助 5G 技术的优势积极探索 5G 通信与现有的分支机构网络可替换和可相融的组网计划，为后续 5G 技术的大规模应用打好基础。

（1）5G + 专线融合组网的应用场景。5G 技术以前只能作为支行网络用在应急备份场景下，现在由于拥有三大技术优势，可以完全替代现有支行网络或者与之相融，为支行网络构建出崭新的业务应用场景。借助 5G 技术的特点给高带宽需求的应用提供高速通道，如在线培训、文件传输、高清视频和软件下载等，有效地融合到支行网点传统的专线接入网络内部，并与之互补，解决了目前支行所有业务场景的数据在传输期间所面临的带宽瓶颈难题，提升了支行的业务和办公的访问体验。

（2）5G + 专线融合组网的部署方式。民生银行把 5G 技术引进支行网络的接入场景，以传统专线接入为基础，支行网点安排了 5G 接入路由器，同时装备了专门的全球用户识别卡，借助无线接上附近的运营商 5G 基站，把所需的数据传到每个支行。为了确保数据传输时的安全，支行网点 5G 路由器会将运营商所给的企业域名与虚拟专有拨号网络（VPDN）相结合，再接入分行的网络，在虚拟专有拨号网络上，借助有关技术在分行与支行网点中间构建虚拟的加密隧道。

（3）5G + 专线融合组网的实践价值。

第一，安全优势。业务服务等级协议质量更有保障。5G 的非独立组网逻辑切片能保障面向垂直行业无线网络的性能。5G 的独立组网逻辑切片进一步联合核心网及承载网的传输状态进行调整，实现端到端的专用传输资源。VP-DN 加密更加安全，在 5G 环境中，报文交互加密传输，空口无法窃取隐私信息；数据传递更加安全，在使用互联网安全协议场景中，安全加密既可以实现国密加密（符合国家对商用密码的要求）又可以通过数据加密算法，实现对移动数据传输的高安全性加密。

第二，架构优势。通过5G VPDN技术建立的网络，在两条多业务传送平台主线基础上增加了一条5G虚拟通道，变为三条链路。每个支行网点的5G通道都可以根据流量突发情况随时扩展到百兆甚至千兆的线路，极大地提升了单一线路的整体带宽，解决了瞬间大流量传输的瓶颈。将非关键的邮件、视频、补丁升级、病毒库升级等大带宽需求应用承载到5G链路上，缓解了原有专线的带宽压力，网络传输速度提高了50倍，提升了用户体验。

第三，成本优势。移动互联网5G资费低于高带宽专线租赁成本。5G组网为点对多点模式，分行端使用高带宽专线接入，分支网点使用5G接入，相较传统而言更高效。5G线路承载业务后，成本与之前基本持平，随着5G的逐步普及，资费必将下降。后续将批量全球用户识别卡的月租流量进行资源池化，总体月租成本有望进一步降低。

总而言之，5G既成了新动力，能够激发新型信息消费、引领融合创新，又成了新引擎，能够促进经济不断增长、推动产业不断升级。在5G时代，网络把世间万物都连接到了一起，民生银行会加快对客户服务方面应用的研究脚步。对远程银行的客户感受进行升级，通过特定的专业柜台，让更贴近实际生活的远程柜员交流互动变为现实；构建智慧厅堂，借助玻璃屏迎宾和全息展示互动柜等智能设备，让客户感受到越来越便捷、智能、科技感十足的现场服务体验；借助5G技术构建营销的展柜、便捷ATM和胶囊厅堂，利用多种多样的形式支持客户经理外出拓展业务，拓展民生银行在大型活动和偏远地区等场景下的服务能力。日后，科技将成为助力银行横跨"第二曲线"的关键所在，各大银行会加快新兴技术的布局脚步，从而提升自身的核心竞争力。

三、区块链技术助力科技金融创新

科学技术是第一生产力，当以新技术为代表的生产力去创新商业模式、去改变生产关系的时候，其巨大价值就真正发挥出来了。区块链有助于构建去信任的货币金融新体系。

基于区块链技术的融资模式助力，打好科技和金融这两张牌，推动企业科技创新，并赋能实体经济。

（一）"区块链＋科技金融"赋能实体经济的逻辑关系

在数字经济、共享经济、平台经济和社群经济的影响下，新经济体系得到了迅速发展，区块链参与成了新经济体系的根本构成。所以，科技金融和区块链的融合，对于赋能实体经济起到了关键的作用。

第一，区块链本身对于实体经济就有赋能的功能。数字技术对科技金融的发展起到了不可或缺的作用，而区块链技术是数字技术的重要成分。区块链技术慢慢成为全球的技术领头羊，会快速覆盖数字金融和物联网等前沿领域，这是因为区块链技术自身具有许多技术特点，如分布式记账，传输与访问安全，数据一致存储、难以篡改，多方的共同维护等。在这样的前提下，区块链技术不仅推动了产业模式的升级，还促进了社会治理改革、产业绿色发展和技术创新等，全面推动了实体经济的发展。所以，对于实体经济的发展来说，区块链技术起到了关键的作用。

第二，科技金融和区块链的融合，不仅能把企业创新融资难的问题更好地解决，还能更好地推动科技创新，进一步完成对实体经济的赋能。"区块链＋科技金融"，一方面能借助区块链技术的智能合约，构建出智能化的、新型的社会关系，从根本上改变企业创新的融资主体之间的信用关系，进而更好地保障借贷主体的权益。另一方面极大地解决了借贷双方的信息不对称问题，资金提供者可以准确地了解到资金需求者的创新现状与潜力，进一步决定是否对资金需求者提供资金借贷，资金需求者也会产生更多的创新动力。此外，信息展现了完备的约束制度，这在一定层次上可以把资金需求者的骗贷概率降到最低。综上所述，"区块链＋科技金融"能解决科技型企业融资方面的困难。

（二）"区块链＋科技金融"赋能实体经济的应用模式

"区块链＋科技金融"赋能实体经济的应用需要对企业科技创新融资现状、市场变化、外部环境等方面进行多方位的全局分析，还需要进一步厘清融资平台之间、相关利益方之间、体系之间（创业投资体系、科技信贷体系、多层次资本市场体系）的联动关系和相互作用机理，探讨在区块链技术的应用下，如何平衡各方利益，如何进行信息的有效交互。

该模式利用区块链技术平台将科技和金融结合。技术链条链接有资金需求的科技型企业和融资信息平台，共享的信息包括企业培育（应用研究成果、商品化）信息和上市培育（产业化）信息等。基于区块链技术的企业科技创新融资信息平台提供了这些信息的交互以及相关合约的签订等服务。资金链条链接了不同类型的资金供给主体，包括三个体系：①创业投资体系（创投资本进入、创投资本退出）。②科技信贷体系（科技贷款、科技保险）。③多层次资本市场体系（场内、场外）。创业投资体系包括创业投资机构等主体，科技信贷体系包括银行金融机构、小额贷款公司、科技保险机构等主体，多层次资本市场体系包括证券交易所、新三板、区域股权交易市场、产权交易中心等主体。

此外，在该模式下，还需要探讨企业资产数字化、交易数据上链、平台流程智能化、建立统一的金融共享平台与信用风险管理机制等问题。进而在区块链作为底层技术的基础上，通过链接科技型企业、金融机构以及政府部门，形成高度集成的自治化信息平台，使得融资的资金流、信息流、信用流得到有效整合和高效流转，从而建立一个互信共赢的融资生态系统。

（三）"区块链＋科技金融"赋能实体经济的保障机制

目前，应该依据各大区域的产业和科技状况，形成具备地方特色的政策体系，从而推动区块链技术的发展，对区块链金融资源涌入企业科技创新领域做出积极引导，进一步用机制保障好"区块链＋科技金融"对实体经济的赋能。

第一，从整体角度出发，整体规划"区块链＋科技金融"的信息平台建设和区域建设等，制定好战略规划的相关政策。不同省市对于"区块链＋科技金融"应该根据自身的特点做出整体规划，因为不同省市的科技金融政策、金融行业的发展及企业融资现状不相同。政府应该充分考虑多种因素，如融资现状、科技金融的产业现状和科技型企业的创新现状，从而做出相应的规划和政策安排。

第二，从局部角度出发，详细划分宏观战略规划的相关政策。科技金融资金提供方不同，所面临的期望收益和融资风险也不相同，所以具体的政策要依据不同的金融市场来制定。对于科技保险市场、理财产品市场和科技信贷，制定策略时应该更多地考虑如何保护资金提供方。对于多维度的资本市场，制定策略时应该更多地考虑怎样帮助科技型企业成功上市并且还能可持续发展。对于投资创业市场，制定策略时应该更多地考虑如何提高创业项目的可行性与前瞻性，如何低回报地予以帮助等。

四、人工智能技术助力科技金融创新

（一）人工智能技术的发展

1. 机器学习算法

机器学习算法奠定了人工智能技术的核心逻辑。机器学习是人工智能的核心，主要帮助计算机模拟或实现人类的学习行为，以获取新技能，重新组织知识结构，改善性能，是计算机走向智能化的根本途径，也是深度学习的基础。目前，机器学习算法已经有广泛的应用了，如电商平台的数据挖掘与分析、生物特征识别、搜索引擎、医学诊断、智能反欺诈、证券市场分析等领域。

机器学习算法可以实现基于交互的深度用户理解，在电商平台中的应用较为普遍。机器学习技术通过将用户交互信息（点击、购买、浏览、搜索、加入购物车、下单等）在时间轴上展开，利用深度学习机制，通过用户的历史交互信息预测未来的交互，生成高维交互用户嵌入。

深度学习作为机器学习中一种基于对数据表征学习的有效方法，具有出色的处理复杂任务的特点，可以推动自主无人系统技术落地，使无人货运、无人机以及医疗机器人等得到长足发展。

2. 计算机视觉技术

计算机视觉技术是利用计算机替代人类视觉，开展信息提取、处理、理解，以及分析图像和图像序列等活动的能力。其中，人脸识别技术的应用最为广泛，应用场景主要集中在工业生产、智能家居、智能安防、虚拟现实技术、电商搜图购物、美颜特效等领域。人脸识别技术可以通过多场景、多任务、标准化人脸图像输入，实现参数共享，有助于解决不同场景重复 ID（身份标识号）的问题，提高模型更新迭代效率。同时，通过搭建"多场景联合训练+跨场景对抗训练"的人脸识别训练框架，在只有少量标注数据的情况下，训练出高准确率、跨场景识别的人脸识别模型。

人脸防伪在工业界 3D 技术日益成熟的背景下，在金融风险控制场景中起到了重要作用。基于互联网行业大量的数据积累和训练，目前的人脸防伪技术可以通过多模态人脸防伪的数据集，有效抵御 3D 打印、视频、图片、面具、头套等各种人脸攻击，准确率达到金融级别的安全标准，作为金融科技的重要组成部分，在金融业得到了广泛的推广应用。

3. 自然语言处理技术

自然语言处理（Natural Language Processing，NLP）技术是一门集语言学、计算机科学、数学于一体的科学，主要研究实现人与计算机之间的自然语言交流与信息交换的技术和方法。

实现人机交互是人工智能、计算机科学和语言学等领域共同关注的重要问题。目前，自然语言处理技术在机器翻译、文本分类与校对、信息抽取、语音合成与识别等领域已经取得了一定成效。在国内，人工智能合成语音机器人正成为营销机器人场景落地的重要契机，主要利用端对端语音合成、视频生成、人脸 3D 建模及微表情控制等人工智能虚拟数字人技术，通过获取目标人物少量的视频、音频素材，合成该人物逼真生动的讲话视频，打造大批量、低成本、定制化视频制作的全新模式。这种真人讲解短视频的形式，也进一步丰富了金融零售领域优质内容的呈现方式，触达有不同浏览习惯的新用户群体。同时，语音识别与人机交互技术也成为我国人工智能技术出海的重要领域。

目前，借助短文合成机器人，可以生成各种类型的命题文章。只需给定文章主题、题目和一些关键词，就可以生成紧扣文章主题、符合人类写作逻辑的文章，包括商品带货文章、资管日报、股市评论、新闻报道等，未来有望发展成营销文章的智能写作助手。

4. 海量数据

作为人工智能技术底层逻辑中不可或缺的支撑要素，海量数据是人工智能算法在各行各业多场景应用的关键"燃料"。在互联网浪潮下，全球海量数据爆发式增长，使人工智能数据处理更加高效。数据量越大、越精准，人工智能算法训练后获得的模型就越智能。

5. 人工智能开放平台

近年来，受益于大量的搜索数据、丰富的产品线以及广泛的行业市场优势，国内外的科技巨头开始加快布局人工智能开放平台，打造开源的人工智能工具。人工智能开放平台通过聚合人工智能研发企业，降低人工智能的技术门槛，让创业者享受到人工智能技术进步所带来的红利，也有助于连接各行各业的产学研机构，构筑完整的产业生态，大幅提升产业数字化进程中的生产效率，加速推动人工智能产业化进程。目前，我国涌现出了一批人工智能开放创新平台，覆盖自动驾驶、城市大脑、医疗影像、智能语音、智能视觉、智适应教育、智能零售等众多实体产业应用场景。

（二）人工智能技术对科技金融服务平台的促进

我国科技金融服务近年来已取得了长足进展。在人工智能技术快速发展的新形势下，人工智能技术和科技金融有机结合，已成为促进科技金融服务快速发展的新手段。目前，人工智能已成为国际竞争的新焦点，人工智能技术在核心技术和典型应用上都已出现爆发式进展。随着平台、算法、交互方式的不断更新和突破，人工智能展现出了非常广阔的发展前景。人工智能技术的应用将协助银行建立更全面、更完善的征信和审核制度，并站在全局的角度，在全部流程中监测金融系统状态，进一步从深度和广度上全面抑制各类金融欺诈行为，为贷款等金融业务提供更科学、更客观的依据，同时，也可以从各个角度为机构与个人的金融安全提供强有力的保障。

1. 人工智能给金融行业发展带来的机遇

人工智能的优势和作用集中体现在科技金融领域，二者相结合能有效提高金融科技的工作效率，降低成本，具有多种优势。在评估用户的信用、识别身份信息等领域，人工智能技术已经相当成熟，一方面可以分析处理大量

的数据；另一方面处理事务相当方便、快捷，符合金融领域的要求，有力地
推动了金融行业的发展。

不同用户的信用级别不同，人工智能根据用户级别和特点，提供有针对
性的服务，也能够根据企业的特点，为它们匹配合适的信贷产品，精准提供
金融服务。这样用户无须在海量的产品中筛选了，既节约了时间，而且也能
享受到更好的金融服务。人工智能还可以从整体上评估用户的资金需求、资
金使用时间、还款能力等，对用户的了解更为全面、详细，能够为金融机构
提供精确的信贷解决方案。

人工智能还可以从不同角度对数据进行分析，提高金融机构的风险防控
能力。在营销阶段就做好风险防控工作，这样会大大提高金融机构的风险防
控水平，金融机构也能平稳运行，其经营环境也会更加安全、效率更高。

2. 人工智能技术对科技金融的促进作用

人工智能技术让传统金融行业的业务操作方式和流程发生了翻天覆地的
变化，让科技金融行业面貌一新。科技金融行业的供给能力得到提高，成本
大大降低，风险防控能力不断提高，能够为用户提供更便利、高效的服务。
这在征信、风险防控和投资决策几个方面表现得尤为明显。

（1）征信。征信指的是根据相关法律要求，采集、整理、加工自然人、
法人及组织的信用信息等，为用户提供信用报告；综合评估用户的信用，给
其提供咨询服务，以便于金融机构能更好地管理用户信用，及时发掘风险，
提高风险防控能力。

随着人工智能和大数据的快速发展，金融机构能够采取不同的方式，从
多个渠道了解中小企业各个层面的信息和数据，而且是完全合乎规范的，如
电商、运营商、社交媒体、金融机构、工商登记、社保和公积金等信息。金
融机构还能够在此基础上利用各种人工智能技术分析所获取的数据，从中发
现最有价值的信息，从而对企业有更全面的认识和了解，并能够根据评价体
系和算法规则对目标对象的信用打分。传统金融机构各类业务的开展都以此
为依据。随着获取的信息量不断增加，信用评分也会更加准确地反映整体情
况，计算规则也会越来越完善。人工智能技术的征信评分相比于传统的征信
评分能够更加全面地反映被评估对象的信用情况，因此金融机构今后给中小

企业提供金融服务时，就能够以征信评分作为依据。

（2）风险防控。金融机构借助大数据和人工智能技术进行风险管理，深入分析数据，了解数据之间的联系，形成完善的评价机制，全面监管贷款过程，将风险降到最低。在贷款之前，金融机构可以在人工智能技术的辅助下，识别和分析企业信息，确保真实性，了解贷款人的还款能力；在贷款过程中，金融机构也可以实时监测贷款者的相关数据，如果贷款者的经营出现问题，利用相关技术就可以及时发现；贷款结束后，金融机构可以获取反馈信息，完善各种评价指标和算法规则，使人工智能信用评分更加可靠。

（3）投资决策。从本质上来看，人工智能技术在投资决策领域的应用使金融机构的传统工作模式发生了很大的变化。人工智能通过分析海量的数据做出投资决策，因此更加科学准确。相比于投资顾问，人工智能信息获取速度更快，对信息的处理和分析效率也更高。数据分析能力是人工智能的一大优势，在投资分析领域应用人工智能处理技术、深度学习和分析能力，有助于掌握最新的信息，了解企业未来的发展方向，把握市场风向。与此同时，借助人工智能技术可以让部分格式固定的文本自动生成，如招股说明书、研究报告、调查报告等，这不仅节约了时间，而且大大提高了工作效率，简化了工作，让管理人员能够集中精力管理其他事务。

五、大数据技术助力科技金融创新

数据技术是基于目前信息科技的基础发展而来的，是电子科技进步的产物，未来人类的所有活动都会基于数据技术而存在。数据技术对于科技金融的发展也将起到至关重要的作用，研究科技金融离不开数据技术。数据技术在金融市场中的应用越来越重要，未来将会支撑整个金融市场的发展，推动科技金融的进步。

（一）我国发展大数据的意义

第一，大数据能有效促进经济转型发展。在大数据的帮助下，社会上的各种生产要素可以实现共享，各类资源不断汇聚，生产也会更集中，还能促进多方合作，提高生产要素的利用率，这是对传统生产方式和经济发展模式的变革，在提高经济发展水平和效率方面效果显著。在大数据发展的背景下，商业模式不断创新，各种新兴行业和领域层出不穷，为互联网行业带来更多的利益，提高了企业的核心价值。未来大数据产业将成为经济发展的重要支柱，深刻影响信息产业的格局。

第二，大数据为国家在全球竞争中占据优势地位提供了新契机。当前全球信息化发展迅速，大数据作为国家的一项重要的战略资源，起到基础性作用。我国拥有庞大的数据规模，可以充分利用这一优势继续扩大数据规模，提高数据质量和利用效率，从数据资源中发现有价值的信息，从而让数据资源的战略价值充分体现出来，并提高数据保护能力，维护国家信息安全，这样才能让国家在全球竞争中占据有利位置。

第三，政府可以利用大数据不断提高自身治理能力。应用大数据可以发现各种数据之间的联系，实现政府数据的透明化和公开化，促进资源的整合，同时也赋予了政府更强大的数据分析能力，使其在面对复杂的社会问题时能够采取更多的处理方式。政府在管理过程中要坚持用数据陈述事实，决策时以数据为依据，并运用数据进行创新，更新政府管理理念，创新治理模式，从而让决策更加科学。

（二）基于金融市场的应用

第一，在商业银行中的应用。金融机构当中存储着数以亿计的数据，需要借助大数据挖掘技术进行深度挖掘，使之成为有价值的信息。只有对其进行深度挖掘，才可以发现其中的隐性信息并利用其为客户提供更加优质的金融产品和服务。

第二，在互联网征信市场的应用。到目前为止，市场上的金融机构仍然无法使用央行征信系统。在央行征信系统之外的其他机构，获取征信信息的方式主要是建立自己的数据库。大公司主要通过自身的数据收集进行挖掘分析，自建信用评级系统。小公司由于客户数量和业务规模的限制，无法建立自己的数据库，所以通过购买第三方机构来获取信用评级服务。

（三）以大数据征信为例分析大数据技术的优势

互联网金融的业务一般在线上完成，从申请到完成可能只需要几分钟的时间。大数据技术的发展，使信息来源收集到的一切可行数据都成为信用分析的基础，为互联网金融征信体系的建立指引了新的方向。

第一，大数据征信使数据的来源范围更广。大数据使数据来源更加丰富多样，覆盖面也更广。大数据运用的信用系统通常是电商平台的交易数据、社交媒体上的数据、消费数据等。这些数据涉及用户的经济条件、消费、娱乐、社交等多个不同的方面。基于从日常生活中获取的信息，对信用风险的评估也会更加准确。

第二，大数据征信能够体现出对象的本质特点。大数据征信在各行业和各领域都是热点话题，这是因为大数据征信能够准确地评估信用主体，了解主体的信用情况。大数据征信采集主体最新的信息，主体在生活中只要消费，在社交平台上或网站上有活动记录，就会产生各种数据，这些都会被大数据采集，而且这些数据时效性强，记录了主体最新的信用信息，大数据会根据这些信息对主体的信用做出预测和评估。

第三，大数据征信应用场景丰富。传统征信体系的征信报告一般只有在信贷业务或者其他金融业务中用到，而大数据征信由于数据的来源和信用评估方式的不同，可以被社会生活的各个方面应用。例如，租房时要掌握租房者的信用状况、酒店对于信用良好者可以免租金、求职应聘有优良信用者可以优先考虑等。此外，大数据还为政府机构提供帮助，在政府和监管机构做决策时提供数据支持，提高了政府工作效率和服务水平，降低了监管和服务成本。

第四，大数据征信覆盖人群广泛。近年来，我国网络使用的人数正在成倍数增加，大数据征信收集的正是网络使用者产生的数据信息。因此，大数据征信覆盖到的人群比例远远大于传统征信系统的覆盖比例。通过对网民在线上产生的数据挖掘分析和处理，就可以对传统征信的记录进行有效补充，增加人们的信用记录，让受到金融征信无记录阻碍的人群也可以获得金融服务。

（四）大数据技术完善科技金融创新的策略

第一，完善组织实施机制。大数据应该加强对某些重点问题的研究，完善相关政策，加强对国家数据资源的管理，做好整体规划。大数据应该与物联网、云计算等合作。中央与地方也要相互配合，由中央提供指导，帮助各级政府部门明确自身定位，做好发展规划，为大数据产业的发展提供政策支持。打造地区特色产业，细化分工，严格落实各项政策，组织专家为大数据发展和应用提供咨询服务。

第二，完善相关法律法规。修改和完善政府信息公开相关制度。有关数据对外开放、安全保护等方面的制度需要进一步研究，从而使数据采集、存储、利用、共享等各个环节更加规范，提高政府的数据风险防控能力，在确保安全的前提下最大限度地对外开放。政府使用市场主体的大数据时也应该有一定的使用范围，不是完全不受约束。政府管理信息资源应该遵循相应的准则，统筹管理政府数据资源，制定对外开放共享实施规范。完善相关法律法规，在基础信息网络和重点领域设置安全保护系统，防止信息泄露。

第三，制定完善的市场发展规范。数据应用要面向市场，鼓励和支持各类资本参与到公共服务建设中，但前提是要尊重市场竞争机制。政府可以采取外包的方式将大数据应用和管理委托给专业机构，节约管理成本。为大数据发展提供良好的市场环境，使各产业不同环节的市场主体都可以自由交换或分享数据，从而让数据资源在全社会流通。

第四，明确相关标准和规范。大数据产业应该形成相应的行业标准和体系，这方面需要尽快提上日程。同时政府部门、单位等公共机构也应该建立相应的数据标准。大数据在市场上的流通也应该遵循相应的标准，标准制定完成后应该先试验，验证其有效性，并建立完善的评估体系。

第五，提供财政方面的支持。政府要鼓励和支持金融机构不断完善自身服务体系，为大数据企业的发展提供各种政策支持。大数据企业可以引进市场资本，获得发展资金，以便企业重组或创新发展有更自由宽松的环境。鼓励创业投资基金投资大数据产业。

第六，培养专业人才。国家要鼓励和支持高校设置大数据相关的专业，培养大数据领域的专业人才。不同学校可以联合培养人才，尤其是大数据领域的复合型人才，这里的复合型人才需要具备统计分析、计算机技术、管理等不同学科的知识和能力。高校也可以与企业开展合作，为学生提供更多实践的机会，加强职业技能培训，为社会输送大数据领域的专业人才和创新人才。

第七，与其他国家加强合作与交流。加强与其他国家的大数据技术交流，以平等开放的姿态与其他国家开展合作，实现共赢，利用好国内外各种资源为大数据技术的发展提供支持。

第四节　科技金融与企业的创新发展

一、科技金融对科技型中小企业的影响

（一）对创新能力的影响

1. 宏观因素

（1）国家政策。国家政策对科技型中小企业的创新能力的影响主要表现在政策引导和政策激励两个方面。政府通过颁布一系列发展规划，通过市场机制引导企业创新方向。国家通过设立创新基金，为科技型中小企业提供贷款贴息和无偿资助。这些税收以及补贴政策缓解了企业资金压力，让企业能够在最大自由限度内进行研发创新。同时，知识产权保护政策的完善也激励企业进行专利研发与申报；保护企业的研发成果，能够促进研发成果转化。新产品为科技型中小企业带来的利润增加，这会激发企业创新热情，增加企业创新能力。

（2）融资环境。根据优序融资理论，企业在为新项目进行融资时，会优先考虑内部融资，然后再采用外部融资方式，因为内部融资成本低、效率高。但科技型中小企业往往现金流紧张，没有充足的资金可供研发创新使用。同时，企业的研发过程具有周期长、不确定高、收益滞后等特点，仅仅依靠自身内部资金，企业经营难以为继。因此，科技型中小企业必须通过外部融资

分担技术创新风险，高效运行的金融市场可以有效分担研发活动不确定性带来的风险。

科技型中小企业的外部融资途径主要有银行借款和资本市场融资两种方式。企业上市需要定期发布公告，这有利于投资者及时了解企业经营情况和研发进展，减少了信息不对称带来的问题，也有利于投资者对企业进行监督，激励中小科企改善管理方式，提高创新能力。

（3）行业竞争强度。企业所处行业的竞争强度会影响企业经营决策，进而影响企业创新活动。波特五力分析模型将企业面临的竞争力量分为五种：供应商的议价能力、购买者的议价能力、潜在竞争者的进入能力、替代品的替代能力以及行业内竞争者现有的竞争能力，这五种因素决定了行业竞争的激烈程度。研究发现，行业竞争是影响科技型中小企业创新能力的重要因素。一方面，如果行业竞争强度较大，就意味着有更多同类型的企业与之争抢市场份额。科技型中小企业自身资金紧张，市场经验不足，而研发活动不确定性较大，企业出于稳健性考虑，可能会削减研发支出。另一方面，当行业竞争强度较大时，企业希望能抓住市场机遇，因此会加快研发进程，提高创新能力。这时就会导致科技成果百花齐放，科技产业形成良性循环。

2. 微观因素

（1）管理队伍。优秀的管理队伍能够使企业经营活动事半功倍，企业的管理者在企业生产经营过程中处于主导地位，企业的文化氛围、发展方向、发展策略等都取决于管理队伍的观点。管理者对科技型中小企业创新能力的影响主要表现在对创新的预测和反馈上。具有战略性的、前瞻性的管理者更愿意通过研发创新来实现技术突破，进而推出新产品来占领市场份额，增加经营利润，提高企业发展绩效。管理者根据行业发展趋势，精准识别创新机会，对市场的正确预测能让企业先人一步，主动出击。同时，管理者根据市场反馈以及研发进程及时调整创新方向，在这样一种动态过程中，企业创新就会获得持续的生命力。此外，管理者对创新活动的重视会影响其他员工对技术研发的热情，进而推动企业创新能力提升。

（2）企业规模。企业规模通常可以使用总资产、销售收入或者职工总数来衡量。以往研究表明，企业规模的大小对企业创新活动有一定影响。对于科技型中小企业，一般来说，规模较小的企业创新热情较高，更注重产品研发创新，希望通过推出新产品，吸引市场注意，从而在竞争激烈的行业环境下占据一席之地。相比之下，规模较大的大企业会更加注重维护已有的企业市场份额。但是，大企业资金充足，拥有多元融资渠道，具有较高的抗风险能力，比小企业更能够较多地开展持续性研发活动。并且，规模较大的企业，研发团队经验丰富，更加成熟，能够以较低的成本进行新品开发。小企业相对来说，有较好的灵活性，能够根据市场需求及时调整研发方向，有时会有意料之外的收获。

（3）研发投入。中小科企的研发投入可以分为人力资源投入和金融资源投入，研发投入是企业开展创新活动的基础。创新活动本质上是人的活动，研发人员的专业知识、实践经验和行业认知是团队最宝贵的财富，保障充足的人力资源投入是企业能够进行创新活动的关键。人才的积累帮助企业形成自己的核心竞争力，创新产出才能源源不断。金融资源的投入在很大程度上决定了研发的自由度以及有效性。资金短缺让许多中小科企对部分创新领域以及项目望而却步，这同时也限制了企业的研发宽度与广度。而政府以及其他金融机构的资金支持帮助科技型中小企业走出了这一困境，企业得以在自身擅长且国家需要的领域发光发热，提升创新能力的同时，也促进了国家经济转型。

（二）科技金融对创新能力的提升作用

1. 国家科技投入

国家科技投入是国家为帮助科技型企业发展，通过实施一系列税收优惠、创新基金等措施而对企业产生的科技投入。国家政策的颁布为科技型中小企业营造了良好的发展环境，也直接影响了科技投入金额。国家科技投入一般归属于企业营业外收入或其他收益，不属于企业内部融资或外部融资范畴，但可以增加企业利润，进而增加企业所有者权益和自有资金。

以创新基金为例，其资金来源为中央财政拨款，以贷款贴息、无偿资助和投资补助等方式为科技型中小企业提供资金支持。获得国家科技投入的科技型中小企业的资金压力得到缓解之后，会增加研发投入，积极开发创新项目，新项目又能得到国家政策的支持，由此形成良性循环，企业创新能力得到提高。

2. 银行科技贷款

银行等金融机构的贷款是科技型中小企业重要的资金来源，企业创新需要稳定的、长期的和充足的资金供给。据统计，科技型中小企业的债务融资的一半来源于银行贷款，银行针对企业的科技贷款会对企业创新能力产生很大影响。

目前，随着科技金融的进一步发展，各银行采取了相关措施帮助科技型中小企业发展。银行保险机构加快科技金融产品服务创新，鼓励银行根据科技型中小企业生产经营周期采取更灵活的利率定价和利息偿还方式。中国农业银行研发推出"科贷通""金科通"等特色产品，满足科技型中小企业的融资需求。随着科技型中小企业与银行之间贷款往来的增加，银行在一次次交易中能够收集到更多企业信息，这将有效缓解银企之间的信息不对称问题。企业获得更多银行科技贷款后，就可以将更多财务资源投入创新活动中，研发投入增加，企业创新能力提升。

3. 资本市场筹资

除了国家科技投入和银行科技贷款，科技型中小企业还可以通过多层次资本市场进行融资，主要形式有股权融资和债权融资。股权融资主要通过公开市场发售或私募发售的方式进行，采用公开市场发售方式的企业需要在股票市场上公开向投资者募集资金，这对企业经营和盈利情况的要求较高。于是，一部分科技型中小企业选择私募发售方式，通过寻找特定投资人并吸收入股的方式筹集资金。其中，特定投资人包括个人投资者、风险投资机构以及上市公司，不同投资者的加入会给企业带来不同影响。风险投资机构是科技型中小企业的最主要的投资者，这类机构资本雄厚，能给企业提供充足的研发资金，有利于企业创新能力的提升，其最终目的是通过上市或转让方式，从企业退出，获得资本增值。

债权融资根据渠道不同可以分为银行信用融资、债券融资、项目融资等，债务需要还本付息，相对于股权融资，成本高，但能够保证企业的所有权与控制权。科技型中小企业相对其他企业，创新要求更高，研发投入更多，更依赖外部资金投入。无论是股权还是债权融资，都需要良好的市场环境与市场机制。科技型中小企业的科技研发活动具有保密性和专业性，金融机构很难真正了解企业研发信息，这种信息不对称很容易造成逆向选择和道德风险问题。高效运行的金融市场可以有效减少信息不对称，帮助企业更容易获取资本市场融资，促进企业创新活动，提升企业创新能力。

（三）进一步促进科技型中小企业提升创新能力的建议

1. 金融机构充分发挥创造力

（1）商业银行应当积极创新各类具有特色的科技金融产品。目前，科技创新已经成为发展主流，商业银行应当根据时代发展规律，结合大数据、云计算、区块链等技术，优化自身产品与服务，更有针对性地为科技型中小企业提供资金支持，形成具有专业性的和管家式的服务模式，为科技型中小企业贷款提供便利。在贷款抵押问题上，由于科技型中小企业具有"轻资产、长周期"的特征，银行可以尝试建立具有一定专业知识的科技信贷人员团队，完善使用专利权、著作权、商标权等资产进行抵押的方式，帮助科技型中小企业更加便利地获得资金。

（2）商业银行应当尝试与科技型中小企业建立良好的银企关系。银行与企业良好关系的建立不仅可以帮助双方加深彼此之间的了解，减少信息不对称带来的"道德风险"和"逆向选择"问题，有利于科技型中小企业更快捷高效地获取贷款，降低企业融资成本，同时也便于银行对企业贷款资金的使用进行监督，防止企业滥用资金而不进行研发创新的现象出现。双方的这种长期合作将有效缓解信息不对称问题，优化资源配置。

2. 资本市场更好地发挥资源配置作用

资本市场能够为科技型中小企业提供高效便捷且成本低廉的融资途径，为了改变我国资本市场并不能很好地促进科技型中小企业创新能力提升的现状，提出如下建议：

（1）进一步优化主板、创业板、科创板、新三板等资本市场制度。我国股票、债券市场起步较晚，目前体制机制还不够健全。为了中小企业以及科技型企业能够更好地利用资本市场融资，我国设立了中小板、创业板、科创板、新三板等市场。优化资本市场运作机制，完善企业信息披露制度，同时注重投资知识的普及，提高股民整体素质，充分发挥资本市场配置资源的作用，这样才能有效激活市场，为科技型中小企业创新发展提供舞台。

（2）注重债券市场发展。科技金融投入包含了债券部分，根据优序融资理论，通过发行债券进行融资，负债的利息有税盾效应，能够有效降低企业的综合资本成本，从而提升企业价值。相较于银行借款，发行债券能够在短期内筹集到大额资金，对于将要开展新项目的科技型中小企业而言十分重要。创新债券融资工具，提供多种融资渠道，同时健全信用评级机制，尝试建立我国具有权威性和专业性的信用评级机构，优化债券市场环境，以此帮助企业更好地利用债券市场进行融资。

3. 整体优化科技金融发展的宏观环境

一直以来，我国都在为科技进步而不懈奋斗，金融为科技发展注入了新活力。近年来，科技金融处于飞速发展阶段，同时也暴露了许多问题，只有使科技与金融形成真正合力才能有效支持科技型中小企业创新能力的提升，为此，应该优化改善科技金融发展的宏观环境。

（1）尝试建立全国性的科技金融服务平台，为各个科技金融参与主体提供交流交易的机会。目前，我国已经尝试建立了科技银行，为科技型企业提供专业化的服务，此外，还可以为企业提供资产评估服务、私人股权资本、贸易融资和投资银行服务，全方位为科技型中小企业保驾护航。

（2）完善信用体系建设，加强知识产权保护，为科技型中小企业融资提供保障。科技型中小企业缺少房屋、机器等传统抵押资产，在融资时常常面临困境，而拥有的发明专利等知识产权，其价值无法被准确评估，且无法得到价值保障。因此应当加强知识产权保护，完善相关法律法规，同时建立健全知识产权交易市场，盘活科技型中小企业的无形资产。

二、企业的科技金融风险

科技金融风险来源于科技型企业，是由科技型企业的科技研发、生产经营、市场营销等产生的，影响科技型企业的各种因素都有可能产生科技金融风险。总体来说，科技金融风险的产生既有科技型企业的内部原因，也有外部原因。

（一）科技型企业在生命周期不同阶段的融资方式与风险分担

科技型企业在其生存发展的生命周期中，存在着阶段性的特点。科技型企业应根据其生命周期的特点采用不同的融资方式。

1. 种子期的融资方式

种子期是科技型企业科学技术的酝酿和发明阶段。此阶段由于技术处于研发阶段，市场前景极其不确定，很多技术只是发明者"一念之间"的想法，无法形成样品，更别说适销对路的产品了。此时，科技型企业不仅面临高新技术能否研发成功的技术风险，还面临高新技术产品能否适应市场需求的市场风险，同时也面临高新技术企业的管理风险。

此阶段，科技型企业所需资金量相对来说并不多，一般资金来源于内源性融资，即创业者自有资本、合伙人入股、内部员工借款、亲朋好友借款、员工持股等，也有少部分为外源性融资。此阶段的外援性融资主要为各级政府为支持科技型中小企业而设立的政府扶持基金和风险投资中的天使投资。"天使"的美誉是因为它们是科技型中小企业的初期资金，是为了孵化创业企业。天使投资是风投机构对初创期科技型企业的一次性前期投入，它的出现不仅弥补了种子期科技型企业的融资需求，促进了初创期科技型企业的发展，还完善了金融市场体系，为金融主体参与其他四个阶段提供了可能。风险投资家在种子期的投资并不多，只是其全部投资额中很小的一部分。风险投资家投入的种子资本通常不会超过全部风险投资额的1/10。由于科技金融风险是指外源性金融机构的融资风险，因此，种子期的科技金融风险主要是由风险投资机构和科技保险机构分担，所要应对的科技金融风险主要为科技贷款风险、风险投资风险、科技保险风险等。

2. 初创期的融资方式

初创期是科技型企业将科技项目研发成果从实验室转移到工厂进行产业化的阶段。这一阶段所需资金相比种子期要多，因为这一时期的科技型企业虽然已具备了一定的发展基础，但还需与产业化生产相配套的厂房、设备等固定资产以及新产品拓展市场的有关资金。初创期内，科技型企业最重要的任务就是将高科技产品开发出来，并向市场进行推广。此阶段，一样面临不确定性，但其不确定性主要由多变的市场环境、客户对新产品的认可度等外部条件决定，也就是说科技型企业更多面临的是产品风险、财务风险、市场风险等。

在这一阶段，企业还不具备产品批量生产所需的相关生产设施，再加上技术的研发成本、样品的生产成本以及新产品推广市场的营销成本，致使企业的融资需求非常强烈。尽管科技型企业已经具备了一定的固定资产抵押物，但出于风险考虑，商业银行仍不愿意提供科技贷款。企业此时从外部获得更多资金支持的可能性很小，即使获得，也多为零散、小额的资金。此阶段，大多数科技型企业的资金来源于内部筹资、私人借贷、政府基金、风险资本、典当融资等。对于初创期的科技型企业来说，风险投资中的天使投资仍然是不可或缺的融资形式。因为天使投资人具有种子期的发展基础，他们了解科技型企业的高科技项目，具有比其他投资人更容易判断高科技产品市场潜力的优势。因此，风险资本投资者和中小额贷款提供者主要分担着此阶段的科技金融风险。当然，科技保险机构也可能参与科技金融风险分担。

3. 成长期的融资方式

成长期是科技型企业高新技术发展和高新技术产品生产扩大的阶段，是科技型企业成长壮大、各方面步入正轨的发展时期。这一时期，科技型企业的高新技术产品已经初具规模，市场占有率逐渐提高，企业利润不断增加。但此时企业的市场拓展能力和销售布局还未完全成熟，还需要扩大生产规模，提高市场份额，建立自己的品牌地位。

此时，高新技术已经成熟，仿冒产品开始出现，科技型企业所面临的主要风险已由技术风险变为市场风险、管理风险和财务风险。尽管这一时期随着新产品进入市场，企业销售收入逐渐增加，形成了较为完善的资金链，现金流趋于稳定，风险较种子期和初创期有所降低，但这并不能说明企业的资金需求已经得到满足，企业不再需要外源性融资。实际上，处于成长期的科技型企业还需要大量的资金用于技术改进、批量生产、市场开拓等，而且这一阶段的资本需求比种子期和初创期还要多。为了弥补这些方面的资金缺口，科技型企业仍需要选择银行贷款、风险投资、上市融资等方式进行外源性融资。在成长期，科技型企业的发展前景比较明朗，投资者也比较容易获得企业的全方面信息，不确定性减少，为企业创造了良好的外部融资环境，因此，容易吸引更多类型的投资资金关注企业发展。多样化的融资渠道使企业有了更多的选择，企业既可以根据自身需要选择银行、风险投资机构为企业提供资金支持，也可以通过创业板、新三板等金融市场进行上市融资，为企业打开广阔的发展空间。一般来说，这一阶段主要的融资方式是银行贷款和风险投资，其参与主体也就是科技金融风险的主要分担者。

4. 成熟期的融资方式

成熟期是指科技型企业的高新技术已经成熟、高新技术产品已经进入大工业生产的阶段。此时，科技型企业经过成长期的艰难探索，企业的各项指标已经趋于完善，产品有了稳定的销售渠道，并有了一定的市场占有率，规模达到顶峰时期，销售利润大幅增加，企业进入稳步盈利状态。同时企业管理正规化，抗风险能力强，可以说这一阶段的企业处于相对稳定的状态，不确定性降至生命周期中的最低点。

为满足市场需求和可持续发展需要，成熟期的科技型企业不仅需要购置更多的设备、原材料，还需要进行高新技术的后续研发和产品的升级换代，需要不断地进行创新、不断地提高市场占有率，这都离不开资金的支持，此时企业的资金需求达到了有史以来的顶峰。尽管这一阶段的资金需求量非常大，但前期投资过的风险投资机构很少会在这一阶段追加投资。因为此阶段是风险投资的收获阶段，是最佳的退出时机。风险投资机构可以以较好的价格将企业交给其他投资者，他们可以选择 IPO（首次公开募股）、被其他企业兼并收购或股本回购等方式进行退出。因此，在这一阶段，科技型企业更多依赖的是银行贷款和资本市场等方式进行融资。一般而言，此时科技型企业青睐的融资方式有以下三种：

（1）上市融资。进入成熟期的企业一般愿意通过资本市场获得长期稳定的资金，它们通常会把上市作为企业的发展目标。一旦上市成功，企业就不再是纯粹地经营性运作，而是进入经营性运作和资本性运作相结合的高级阶段，就会获得更为广阔的融资空间。可以说，公司上市是企业发展的最高境界，资本市场能为企业的长期发展提供无限的可能。

（2）企业并购或收购。没有成功上市的科技型企业可以通过并购或收购方式实现间接上市融资，即它们可以在资本市场上寻找经营业绩较差的上市公司，对其进行兼并重组。当然，这样虽然增加了本企业的融资渠道，降低了融资成本，但也会使企业面临整合风险。

（3）银行贷款。进入成熟期的企业由于风险较小，会受到越来越多商业银行的关注。大多数银行倾向于和企业建立长期的合作关系，愿意向企业提供更多的资金支持。由于成熟期科技型企业的融资渠道最为丰富，所以这一时期科技金融风险的分担也随之呈现了多元化的特点。

5. 衰退期的融资方式

衰退期是指科技型企业的生产工艺、技术已经过时，产品供大于求，企业盈利能力不断下降的阶段。创新是科技型企业持续发展的源泉。对于科技型企业来说，如果不能进行持续的科技创新，在经历一段成熟期后往往就会进入衰退期。这一阶段，科技型企业的不确定性和风险非常大，既有管理风险、市场风险、财务风险等诸多风险，也存在种子期的技术风险。

为了重生或蜕变，企业除了尽力争取银行贷款，还会进行商品贸易融资、票据融资、典当融资，或通过企业内部职工进行借款，或通过产权交易市场、股权的场外交易获得股权融资以及并购和重组。因此，这一阶段，科技金融风险的分担较为复杂，依企业能够获得的融资方式而变化。当然，有前瞻性的科技型企业在这一阶段可以借助科技保险分担风险，保险机构也就不可避免地参与了科技金融风险的分担。

（二）科技金融风险评价指标体系的构建

1. 科技金融风险评价指标体系的构建原则

科技金融风险评价指标体系是一个复杂的系统，必须从多个角度来设计评价指标，综合地、全面地分析风险程度。建立一个可行的合理的科技金融风险评价指标体系必须遵循以下五个方面的构建原则：

（1）全面性原则。若想准确评估科技金融风险，就必须涉及影响科技金融各个方面的要素。因此，要选取不同方面的不同要素作为指标，即指标体系要具有全面性。指标体系的建立要涉及科技型企业从宏观因素到微观因素、从内到外、从财务到非财务的各个方面，能够综合地、全面地反映出科技金融风险的各种因素。但全面性不意味着指标越多越好，指标选取要少而精，要最能说明问题和最具代表性。一是大量的指标会增加计算量；二是重复的指标没有存在意义。因此，指标要在全面说明问题的基础上，越精简越好。

（2）系统性原则。一个好的评价指标体系应该具有可扩展性或者开放性，可以根据形势的变动进行修改，增强适应性。科技金融风险评价指标体系就应具有开放性，需要将外部宏观因素和内部自身因素结合起来综合考虑，既要考虑评价指标的全面性，也要考虑评价指标的系统性，即指标体系之间具有内在关联性和合理的逻辑关系，从系统性的角度对科技金融风险进行综合分析。

（3）科学性原则。科学性原则是指通过对被评价事物的客观性描述，准确地反映被评价事物的本质。科技金融风险评价指标体系的评价结果是否准确，很大程度上取决于指标体系的建立是否科学合理。指标体系的建立应准确、科学、合理地反映指标之间、指标层与目标层之间的关系。科学性原则强调的是数据的准确性和程序的合理性。指标层应定义明确，不能模棱两可。在评价科技金融风险程度时，要尽量避免个人主观因素的影响。因此，必须在严谨的分析基础上构建指标体系，得出最为科学的科技金融风险评价指标体系。

（4）可操作性原则。指标评价体系应该具有可操作性，即指标体系能够准确地、清晰地加以表达。可量化指标应该具有唯一性和可采集性，可以根据公布的标准数据加以计算，得出唯一的结果；定性指标也要能够清晰界定概念，具有可操作性。各项指标均能够有效地测量和统计，使最终得出的科技金融风险评价结果在横向上和纵向上均有可比性。为保证科技金融风险评价结果的准确性，评价指标体系要尽量细分到基本单元，便于数据量化，可操作性强。

（5）定性指标与定量指标相结合原则。科技金融风险评价指标体系是一项复杂的系统工程，涉及各个方面，不仅包括科技型企业的财务因素，还需要根据科技型企业自身的特点，考虑到各种非财务因素，将定性指标与定量指标、财务指标与非财务指标相结合。在传统的可量化的风险评价指标体系的基础上，对其进行一定程度的改进，将非财务因素考虑进去，从而对科技金融风险做出科学的综合评价。

2. 科技金融风险评价指标体系的构建内容

（1）确定评价指标体系的层次结构。为得到准确的科技金融风险程度评价结果，必须对科技金融风险评价指标体系这个复杂的系统工程进行逐级解剖和细分，形成有序的层次结构，即将总体目标拆分为中层目标，最后再拆分为末层目标，即目标层拆分为准则层，准则层拆分为指标层。通过对指标层的计算，逆向推出目标层数据，得到想要的结果，这是个逆向思维的分析过程。因此，可依据这种层次指标结构分析，构建科技金融风险评价指标体系。

第一，目标层。目标层的指标即为科技金融风险。

第二，准则层。准则层的指标是对目标层的细分，即为评价科技金融风险的构成要素。

第三，指标层。指标层是整个指标体系的基础，是对准则层的细分，即对导致科技金融风险的要素进行分析。

（2）评价指标体系的设计。科技金融的高风险是造成科技型企业，尤其是科技型中小企业融资难的最主要原因，而科技型中小企业的最佳融资渠道依然是金融机构。建立适合科技型中小企业的科技金融风险评价指标体系，不仅有利于银行等金融机构监控融资风险，而且有利于满足科技型中小企业的资金需求，从而促进其生存发展。

与一般大企业相比，科技型中小企业自身的特点决定其非财务因素在评价指标体系中具有重要影响，因此，结合科技型中小企业自身的特点，对一般的通用风险评价指标体系进行改进，从而得出适合科技型中小企业的科技金融风险评价指标体系。根据科技金融风险影响因素，进行指标选取，尽可能满足上述指标体系的构建原则。选取的指标分为财务指标和非财务指标两大类。财务指标主要选取六项指标；非财务指标主要通过问卷调查的方式，结合科技型企业的自身特点，综合加以确定。无论是财务指标的选取还是非财务指标的确定，均需要考虑到科技型企业自身的特点，用长远眼光看待科技型企业，尽量选取反映整体情况的指标，主要考虑资本实力增长，而不是短期利润增加。

第一，财务指标的选取。财务风险是衡量科技金融风险的基础指标，便于量化。在财务指标的选取上，一般的风险评价指标体系从资本结构、获利能力、偿债能力和经营能力四个方面进行分析。鉴于科技型中小企业相较于大企业来说更易出现资金链断裂和发展能力低的问题，因此，除资本结构、获利能力、偿债能力和经营能力四个方面，还必须从财务数据上分析其成长能力和现金流状况，最终选定六项指标：偿债能力指标、经营能力指标、获利能力指标、资本结构指标、成长能力指标、现金使用分析指标。

第二，非财务指标的选取。对科技型企业进行调研，根据调研结果来决定相对重要的非财务因素有哪些，从而将其量化并加入科技金融风险评价指标体系中，使得最终的评价指标体系更加科学合理。对调研结果进行分析，得出创新能力、管理能力、经济因素、员工能力和上下游企业状况这五项因素可以作为科技金融风险评价指标体系的非财务指标。

创新能力风险：科技型企业以创新为本，没有创新能力的科技型企业面临的只有失败。创新能力风险可以进一步分为技术成本风险和转化率风险。技术成本风险是指企业科技创新获得成功的可能性。成功的科技创新的费用绝大部分计入无形资产中的研发费用，无形资产占总资产的比重可以基本反映出企业的创新能力。因此，技术成本风险量化指标可以选用无形资产占总资产的比重。

管理能力风险：科技型中小企业在管理方面普遍具有缺陷，创始者多为高科技人才，在管理方面知识不足、经验不足，管理效率低，不能做到人尽其才、物尽其用。在市场经济巨变的条件下，不能及时采取应对措施，由于管理而失败的企业不计其数。管理能力风险分为人员素质风险和管理机制风险，即在管理方面人的风险和物的风险。

经济因素风险：科技型企业作为我国市场经济体制下的重要组成部分，必然会受到经济环境的影响，其中最主要的两大影响因素是利率风险和税收风险。我国科技型企业，尤其是科技型中小企业的主要融资渠道仍然是向银行等金融机构融资，主要融资成本就是利息，利率变化对企业财务费用有较大影响。而在税收方面，国家对科技型企业采取明确的扶持态度，在相关政策条例上大开绿灯，给予各种优惠政策，提供良好的宏观环境，帮助科技型企业更快速更稳定地成长。

员工能力风险：它分为个体和群体两种，即员工个人能力风险和员工团队能力风险两方面。员工个人能力风险是指员工个人学习能力大小的风险，主要反映企业后续创新能力。员工的学习能力强，能给企业注入新鲜血液，保证企业未来创新能力充足，继而保障企业的长远发展能力。员工团队能力风险是指团队内部、团队与团队之间相互配合、相互协作又相互竞争的风险。对于科技型企业来说，研发工作是以团队为基本单位的。在一个团队内部，不仅有领导者，也需要各种配合、服从的人，只有和谐的团队才能发挥出"1＋1＞2"的效应。

上下游企业状况：主要考察企业供应商和销售商，稳定的上下游企业状况保证其原材料来源及销售渠道，特别是稳定的销售渠道为企业长远发展、稳定盈利提供保障。在科技金融风险评价指标体系中，上下游企业状况占据重要位置，该项指标在非财务因素中代表的是企业成长能力及面对市场急剧变化的应对能力，因此是考察企业生存发展的重要指标。

（三）吉林省科技金融风险控制机制的完善对策

科技金融的服务对象是具有高风险的科技型企业。科技型企业发展的瓶颈问题是科技创新和融资难。若想破解科技型企业融资难的问题，就必须大力发展科技金融，而发展科技金融的关键则是控制和分担科技金融风险。为此，吉林省必须借鉴发达国家和省份的先进经验，多方采取措施，完善科技金融风险控制机制，有效控制和分散科技金融风险，保证吉林省科技金融和科技型企业可持续发展。

1. 强化科技型企业自身建设

吉林省控制科技金融风险必须从源头抓起，必须加强科技型企业自身建设，降低科技型企业各种不确定性风险发生的概率。

（1）规范科技型企业治理结构。合理的公司治理结构不仅有利于提高企业经营决策的正确性、降低经营风险、减少管理混乱现象，还有利于提升企业对外形象、提高财务信息披露的可信度、增强投资者信心。因此，吉林省科技型企业尤其是中小企业必须建立合理、规范的公司治理结构，确保权责清晰和确保企业可持续发展。

（2）提高科技型中小企业经营管理水平。科技型企业经营管理水平的高低直接影响着企业的综合素质，比如发展潜力和获利能力。科技型企业内部风险可以从大体上分为经营风险和财务风险两大类。降低经营风险的最有效途径就是提高企业经营管理水平。

提高吉林省科技型企业经营管理水平，首先是要提高员工整体素质，竞争上岗，权责明晰，人尽其才；其次是要发挥企业自身优势，加快技术创新和产品创新，挖掘市场潜力和发展空间，增强企业获利能力；再次是要加快企业转型，摒弃粗放型经营模式，建立集约型经营模式，使产品走精、细、专的路线；最后是要提高企业资金使用效率，加强财务控制。

（3）加强科技型企业信用建设。诚信是一个企业的立足之本，是一项重要的商誉。科技型企业必须加强诚信建设和强化信用观念，树立诚实守信的良好形象。在财务管理方面，要按照国家相关财经法规规定，使用正确的财务会计核算方法，及时、准确、完整地披露财务信息；在生产管理方面，要加强产品质量建设，增强社会责任感；在融资方面，要按照合同规定使用资金，按时还本付息，保护债权人合法利益不受损害等。通过实施一系列信用改进措施提升整个行业的信用度，为科技型企业融资树立良好的外部形象。

（4）建立良好的信息披露机制。良好的信息披露机制不仅有利于银行等金融机构了解企业的发展趋势、获利能力、偿债能力等指标，消除信息不对称问题，还有利于金融机构了解企业的借款需求，更好地帮助企业策划借款安排，从而使科技型企业以较低成本、较为便利地获得融资，使金融机构和科技型企业建立稳定的合作关系，实现双赢。

2. 健全科技银行风险控制机制

科技银行是专门为科技型企业提供融资服务的专业性和职能型的银行机构。鉴于服务对象的特殊性，科技银行在坚持"三性"经营原则的基础上，更注重科技金融风险管理。为此，吉林省科技银行必须从以下三个方面着手进行：

（1）完善科技银行信贷机制。面对科技型企业的融资需求时，科技银行不能完全照搬传统银行的信贷业务流程和风控标准，要结合科技型企业的特点加以改进。对于科技型企业，科技银行更应该注意其创新能力和成长性，应该在信贷审批报告中提高对这方面的考核比重，并将其作为重点调查对象。科技型企业尤其是中小企业，一般抵押品较少，因此，要求满足科技型企业融资需求的同时，更要控制科技金融风险。可以考虑将完善的科学技术创新作为质押品，但要做好风险评估工作。科技银行可以根据相关专业机构基于对科学技术创新的可行性和未来发展前景而做出的预测、出具的评估报告，设定较低的质押率，依据评估报告结果予以质押。

（2）严格监控科技信贷资金投向和使用情况。在资金投放前，必须充分利用网络信息共享平台或借助本地法人银行的地缘优势，广泛收集拟投资企业的有关资料，包括企业的财务状况、发展前景、技术研发信息等，尽可能地减少银企信息不对称带来的风险。在资金投放后，更要做好贷后监督工作，及时监控资金使用情况。科技银行可以派遣信审人员进驻企业进行定期检查和不定期抽查，及时了解企业发展动向，保证资金使用的安全性和合理性。信贷资金必须用来支持企业的技术研发、科技成果转化等方面，不能挪作他用。科技银行要随时关注企业技术研发进展，争取提前对科技金融风险进行预判，以便及时采取补救措施。

（3）引进和培养复合型人才，完善科技金融人才结构。科技银行服务对象的特殊性决定了科技银行所需的人才有别于普通商业银行所需的人才，科技银行需要的是既懂金融又有相关科技知识背景的复合型人才。因此，吉林省科技银行必须采取行之有效的措施引进和培养复合型人才，完善人才结构，提高科技银行贷款审查的专业性，从源头上降低科技金融风险。

3. 加快发展风险投资

优势风险投资是科技型企业发展过程中的主要融资渠道，尤其是处于成长期和成熟期的企业，其是科技型企业发展的助推器。发展风险投资可以有效促进科技型企业的技术进步和科技成果转化。科技型企业的发展离不开风险投资的支持，科技金融风险的分担也自然少不了风险投资的参与。与经济发达地区相比，受经济发展、人才技术、体制等方面的制约，吉林省的风险投资发展不仅起步晚，而且发展速度极其缓慢，与先进地区差距很大。因此，吉林省必须采取多种措施，搭建风险投资成长平台，加快风险投资发展，充分发挥风险投资的科技金融风险分担作用。

（1）拓宽风险投资资金来源，制订优惠政策吸引各方资金加入，形成多元化的资金来源，既包括政府、企业、外资，也包括投资银行、保险资金以及各类基金等，在不同投资者之间分散科技金融风险，降低单个主体的投资风险。吉林省一方面可以继续以政府资金为引导，面向社会多渠道募集资金；另一方面可以制订税收优惠等政策措施，促进风险投资企业自身发展，做强做大风险投资企业，提高社会资本入股风险投资企业的积极性。

（2）设立多样化的风险投资基金，包括政府引导风险投资基金、股份制风险投资基金、合资风险投资基金、科技创新风险投资基金等不同形式，满足科技型企业不同生命周期的资金需求，尽可能地将不确定性较大的科技金融风险分散于不同投资者。

（3）培育良好的外部环境，构建风险投资配套服务平台，为风险投资提供顺畅的退出渠道。完善的风险投资配套服务平台和畅通的退出机制是风险投资发展的必要条件。为此，吉林省必须积极培育适宜风险投资发展的外部环境，建立风险投资服务平台，线上线下向创业企业和风投基金提供信息、咨询等配套服务。同时，还要建立健全多层次资本市场体系，满足风险投资退出需要。吉林省不仅要积极推动企业股改培育进程，充分利用主板、中小企业板和创业板市场，助力科技型企业成功上市，为风险投资提供退出渠道，还要依托吉林股权交易所，积极鼓励获得风险投资的企业进入吉林股权交易所挂牌转让，为未上市或者无法上市的企业提供风险投资退出渠道。

4. 发挥科技保险的科技金融风险控制功能

科技保险是一种规避科技创新风险的新型金融工具，是科技创新的助推器。它可以帮助科技型企业有效规避科技研发、科技成果转化和科技产品推广过程中的不确定性引发的科技金融风险，解除科技型企业科技创新的后顾之忧，避免企业因研发失败而陷入困境甚至破产，是科技产业及社会的稳定器。因此，完善吉林省科技金融风险控制机制，必须大力发展科技保险，创新科技保险产品，扩大科技保险的风险保障范围，充分发挥科技保险的风险转移和分散功能。

（1）政府主导，探索建立专业性科技保险公司。专业性科技保险公司不同于普通保险公司，其主营业务必须是科技保险，无论是保险产品的设计研发、保险服务内容，还是市场拓展推广、风险管控等，都要围绕科技型企业展开。同时为了保障科技保险公司的专业性，其股东、董事会、监事会等公司治理结构也需引进具有科技产业背景的人员。

（2）加强科技保险产品研发和创新，完善科技保险产品体系。组建团队，深入调查科技型企业的保险产品需求，结合科技发展状态与行业实际，加强产品研发和创新，设计科学、合理、可操作性强的科技保险险种。

（3）总结延边州试点经验，扩大专利保险试点范围，尽早在全省范围内推广专利保险，分担科技型中小企业的维权风险，提高其科技创新的积极性。

（4）建设吉林省科技保险信息交流平台。目前，吉林省科技保险的相关知识与信息极其碎片化，急需建设一个综合的科技保险信息平台——吉林省科技保险网站，整合各种科技保险信息资源，发布相关信息，搭建科技保险与科技型企业沟通的桥梁。

（5）建立科技保险产品创新研发基金。由吉林省财政部分出资，引导保险公司和社会资本加入，满足科技保险产品研发的资金需求，提高科技保险产品研发积极性，增加科技保险产品品种，扩大科技保险风险保障范围。

5. 搭建多方共担的科技金融风险控制平台

在科技金融风险控制与分担的众多参与主体中，银行、风投机构、担保机构、保险机构等金融机构是最重要的参与主体。吉林省若想完善科技金融风险控制机制，除了加强企业和金融机构自身控制风险的能力，还要建立金融机构之间立体的科技金融风险控制和分担机制，提高多方合作共同控制和分担科技金融风险的积极性。

（1）鼓励科技银行与其他金融机构（如私募股权基金、信托机构等）和科技部门合作，搭建多方共享、共担的风控及授信平台，实现信息共享、风险共担。通过合作，不仅可以为科技企业提供一站式金融服务，而且可以加强科技金融风险的识别和管理。私募股权基金等风险投资机构可以凭借丰富的投资管理经验和专业的评估优势，帮助科技银行筛选潜在的优质客户，也可以向科技银行提供基金托管、咨询管理等业务。科技银行可以通过与信托机构合作，协同进行信托贷款产品开发，创新科技银行金融产品，拓宽科技型企业融资渠道。科技银行也可以与相关科技部门合作，由业内专家组成审贷委员会，在贷款评审系统中引入技术创新要素，对贷款企业进行技术把关，从而加强科技金融风险识别和控制。

（2）建立科技银行与担保机构的风险共担机制。科技型企业的高风险性决定了银行为科技型企业融资的积极性不高。在银行与担保机构之间建立一种风险共担机制，二者共同分担不良贷款风险，可以有效解决科技型企业融资难的问题。通常来讲，各家商业银行在经营过程中，建立了严格的信贷风险控制流程和标准，但作为自主经营、自负盈亏的金融企业，商业银行在控制信贷风险的同时，更要兼顾资金的收益性。为了避免商业银行承担所有的信贷风险，商业银行和担保机构之间可以根据科技贷款的类型、规模和期限建立不同的风险分担标准，商业银行在允许的授信权限下尽可能地承担风险，其余的风险由担保机构分担。这种风险共担机制的建立，一定程度上能够降低科技信贷中逆向选择和道德风险发生的概率。而且，担保机构在科技信贷中发挥担保作用，分担科技信贷风险，还能够放大信用，使商业银行获得更多的信贷收益。

6. 创建良好的科技金融风险控制环境

良好的生态环境不仅是科技金融健康发展的基础，也是控制科技金融风险的必要条件。吉林省要学习借鉴发达国家和地区的先进经验，把创建更加良好的生态环境作为推进科技金融发展、控制科技金融风险的一项基础性工作，积极推进适合科技金融可持续性发展的生态环境建设。

（1）建立专门的科技型企业征信体系。征信体系的建立需要在大量的统计数据的基础上，整合各方面的信用资源系统。科技型企业征信系统要体现科技型企业自身的特点，要有别于一般企业的征信系统，尽可能多地展现企业科技创新方面的相关信息，并保证数据的完整性和公正性，以便系统使用者获得更为准确的评价结果。

（2）建立完善的信用评级制度。信用评级不仅直接关系到科技型企业是否能够取得融资，而且关系到企业融资成本问题。正确的融资决策和合适的融资成本是降低科技金融风险的重要因素。因此，吉林省要以市场为导向，结合科技型企业自身的特点，综合考虑各方面因素，由专业公司建立完善的科技型企业信用评级制度。这样不仅有利于成长中的科技型企业及时获得资金支持，促进企业健康成长，还有利于控制科技金融风险。

（3）完善科技金融法律法规体系。立法是发展科技金融、控制科技金融风险的制度基础。健全的法律法规体系能够明确政府、科技型企业、银行等金融机构的职责，规范研发投入，为科技型企业提供长期激励。目前，吉林省关于科技金融的相关法律法规体系还不完善，还有相当一部分法律法规处于空白状态，这对于科技金融发展和科技金融风险控制极其不利。为此，吉林省应借鉴美国、以色列与印度等国家的先进经验，不仅要加快推出促进科技型企业发展的基础法律，还要完善科技研发激励的相关法案以及科技型企业融资的专门法案，如为众筹等新型融资模式推出对应的法案法规，规范行业发展，从而使吉林省的科技金融发展有法可依、有章可循。

第五节　科技金融的辅助体系发展思考

一、科技金融与创业风险投资

创业风险投资将加强与政府、其他金融机构和金融中介组织的紧密合作，继续细化对企业的研究分析，打通与海外金融机构的交流渠道，打造市场化、精细化、国际化的运营管理模式。未来5～10年的时间，创业风险投资将实现组织模式合伙化，资本结构多样化，投资领域集中化，退出机制灵活化。

（一）资本结构

创业风险投资未来将呈现资本多元化的格局，除了政府风险资本、国内企业风险成本、个人风险资本及金融机构风险资本，外资机构风险资本也将进入我国的创业风险投资领域。由于投资政策趋向宽松化，创业风险投资发展趋向国际化，因此更多的海外科技银行、风险投资机构以及在华外资企业将参与到中国创业风险投资市场中。这不仅为国内创业风险投资拓宽了资本来源渠道，而且带来了先进的经营管理经验，有利于创业风险投资市场的良性发展。中国风险投资市场将成为养老基金入市的重要选择之一,养老基金未来可能成为中国风险投资资金的重要来源之一。

(二) 投资领域

从科技企业的生命周期来看,未来创业风险投资更倾向于投向处于初创期和成长期的科技企业,其中成长期的科技企业最受创业风险投资的青睐。对于初创期的科技企业,由于其所处行业受重视程度高,以及具有一些高价值的知识产权,风险相对于初创期的其他企业而言较低。创投公司也会选择初创期成长较快的企业作为投资对象。

从行业的选择范围来看,创业风险投资在未来的选择更趋向于集中化。世界经济持续低迷,传统能源接近枯竭,新技术革命将应运而生。适应新技术革命的企业将成为未来成长最快、价值最高的企业,创业风险投资将投资对象圈定为新能源、通信工程、生物科学等领域,投资行业选择更贴近市场的需求及经济的发展趋势。

二、科技担保

科技企业在未来担保机构的服务对象中的比例会显著上升,担保机构有必要为科技型企业打造专属服务及产品,以满足科技型企业的融资需求。一方面,科技企业缺少土地厂房等有效抵质押物,向银行申请科技贷款时能提供的抵质押物只有知识产权,而商业银行在短期内难以把控知识产权抵质押风险,没有精确评估知识产权价值的能力,科技担保可以介入知识产权质押贷款,发挥其作用;另一方面,担保机构未来将融合担保与创投,可以实现科技担保创投化经营。

(一) 知识产权质押担保

根据国内外知识产权质押贷款的实践经验,我们认为以下两种知识产权质押贷款模式是未来科技担保的发展方向。

第一,保证资产收购价格模式。科技企业以其所拥有的知识产权向其他金融机构寻求融资时,科技担保机构可以给予提供贷款的金融机构一种权利,当知识产权质押贷款的企业无法偿还借款时，科技担保机构可以用预定的价格收购。根据知识产权的不同，收购的价格和保证的额度也有所差异。可以设定一个收购价格区间，如知识产权评估价值的30%～80%。科技担保机构的到期购买保证，可以有效降低金融机构的坏账风险，在一定程度上也削弱了知识产权交易市场不健全给银行带来的威胁。

第二，风险补偿模式。由政府设立、企业联合设立或者由政府和企业共同设立专项基金，当知识产权质押贷款的企业无法偿还借款时，由专项基金对贷款银行在处置抵押品后仍然不能收回的贷款给予全部或部分补偿。风险补偿模式将政府、担保机构、银行、企业串联在一起，形成多方互动协作，能够有效降低知识产权质押贷款风险，为科技企业融资提供便利通道。

（二）担保机构创投化

担保机构可以以自有资金进行投资，科技担保机构未来将跳出传统担保范围，从事创业风险投资业务。担保与创投深度融合，开发出属于科技担保范畴的金融产品。

第一，创业担保。科技担保机构为科技企业担保时，获取企业一定比例的股权、期权以及董事会席位，不收取企业的任何担保费用。对企业而言，获得科技担保机构的担保不需要支付担保费，节省了企业费用开支。此外，科技担保机构进入企业董事会，为企业发展提供先进的经营管理经验，将利于企业业务发展和财务成本规划；就科技担保机构而言，创业担保所获得的收益是股权收入和期权收入，收入的弹性更大，规模效益更为明显。

第二，担保换期权。科技担保机构为初创期、成长期科技型中小企业提供担保时，给予企业担保费优惠，但要求享有一定比例的企业期权。科技担保机构不仅可以获得担保费用收入，还可以通过期权收入获取企业的成长性收益。

第三，担保分红。科技担保机构为企业提供担保时，除了收取一定的担保费，还要求享有收益分红权。在业务操作上，担保分红一般按照被担保企业税后利润的一定比例向担保机构分红。担保机构不仅可以获得担保费，还能通过分红收入享受企业的成长性收益。

三、科技保险

随着中国经济实力的提升，科技企业数量的增多，资金需求量加大，对于科技保险的需求也随之增加。未来中国保险业将获得长足发展，也将为科技保险的发展提供有力保障。

（一）科技保险范围扩大

未来开展科技保险的地区范围将进一步扩大，全国的科技型企业可以通过科技保险保障其自身利益，为其融资提供便利。中国人寿、平安养老保险、华泰财险和中金保险经纪已开展科技保险业务。从数字上看，我国科技保险仍然处在初级阶段，开发的潜力巨大，未来会有更多的保险公司开展科技保险业务。

（二）科技保险新产品开发

现阶段我国科技保险产品有高新技术企业产品研发责任保险、关键研发设备保险、营业中断保险、高管人员及关键研发人员团体健康保险、出口信用保险、高新技术企业财产保险、产品责任保险、产品质量保证保险、董事会监事会高级管理人员职业责任保险、雇主责任保险、环境污染责任保险、小额贷款保证保险及项目投资损失保险。除出口信用保险外，科技企业对其他的险种认知不够，投保积极性不高。这并不意味未来只需发展出口信用保险，抛弃其他险种。相反，更多的科技保险产品将被开发，并逐渐获得科技企业认可。以下将重点介绍出口信用保险和知识产权保险。

1. 出口信用保险

出口信用保险适用于进出口企业，由中国出口信用保险公司承保，未来出口信用保险有放开的趋势，跨国经营的国内保险公司或海外保险公司也可以为企业提供出口信用保险。企业投保出口信用保险，能规避风险，降低企业融资门槛，保障企业正常经营。在科技企业与海外买方签署订单之前，承保保险公司可以通过第三方机构提供的买家资信调查，较为客观地了解远在海外的客户的注册信息、财务状况、经营情况及信用情况等全方位信息，有利于国内科技企业提前规避风险。

在合同订单签署时，国内科技企业向承保保险公司申请海外买家信用额度，若出现买家拖欠、拒收、破产、拒付和政治风险等原因导致国内科技企业无法收到付款时，承保保险公司将在额度内对国内科技企业进行赔付。此外，国内出口科技型企业以应收账款的权益作为融资基础，通过投保出口信用保险，获得保险公司的赔付保障，银行给予科技企业贸易融资额度，出口信用保险降低了科技企业的融资门槛。同时，出口企业可通过保单获得美元贷款，并结成人民币使用，提前锁定汇率。在收汇之后，银行直接从该笔出口收汇中扣除外币抵押汇款，从而确保不论收汇日的汇率如何变动，都不会对企业产生影响，实现对汇率风险的成功规避。

2. 知识产权保险

知识产权是未来最重要的财产权，是知识创新的根本保障。由于我国尚未建成完善的知识产权体系，知识产权保险在现阶段并不适用，它适用于完善的知识产权体系。知识产权保险对于中小高新技术企业的稳定发展有着十分重要的意义。一方面，通过投保知识产权保险，能够避免他人侵犯投保人知识产权所带来的损失；另一方面，当国内的科技企业侵犯他人的知识产权时，被对方追究责任并要求赔付时，保险公司可以减少投保人的损失。

四、科技金融的中介机构

科技金融中介机构虽然不直接参与科技企业融资活动，但在科技企业成长发展过程中发挥着重要作用。科技金融中介机构包括科技金融评估机构、律师事务所、会计师事务所等。未来，科技金融中介机构应加强与政府、银行、创业风险投资、保险公司等的交流与合作，在科技企业发展的各个阶段提供相应的中介服务。

（一）科技金融评估机构

科技金融评估机构未来将成为评估科技企业股权价值、科技企业固定资产及知识产权价值的权威机构。科技金融评估机构是法人单位，受相关监管单位监管，可以由政府平台或社会资本筹建，其资质必须获得监管单位认可，评估机构的内部专业人才队伍必须达到一定规模。创业风险投资公司及银行可以参考专业评估机构对企业股权的评测，以确定企业的股权价值，使投资者与科技企业建立更为明晰的股权投资关系。

科技企业申请知识产权抵质押贷款时，知识产权价值的评估可由第三方专业评估机构来完成。金融机构以评估价值为基础，从而确定企业的贷款额度。此外，精确的知识产权评估有利于刺激知识产权市场的发展，企业的知识产权一旦实现流通，其价值就可以充分体现，不仅有利于拓宽科技企业融资渠道，还利于知识产权体系的进一步完善。科技金融评估机构对于企业知识产权抵质押，应承担相应的连带责任。在企业贷款到期后，若企业无法偿还贷款，评估机构有责任为金融机构变卖或自己认购抵质押的知识产权，从而降低金融机构的投资风险。

（二）律师事务所

律师事务所不仅为科技金融体系下各主体提供了专业化的法律服务，而且也会在科技企业知识产权抵质押融资中发挥重要作用。银行需加强与律师事务所的合作，企业申请知识产权抵质押贷款后，银行要求律师事务所对借款企业及其知识产权进行审查，并出具法律意见书。在贷款发放后，律师事务所还可以参与贷后管理，为银行处置知识产权提供服务，在责任范围内承担一定的赔偿责任，为银行分担知识产权抵质押贷款风险。科技企业在成长过程中也需要律师事务所的协助。科技企业在初创期和成长期吸引外部投资者进入，成熟期企业进行权益融资时，律师事务所可为其提供必要的法律服务及决策建议。

五、科技金融的监管创新

监管创新是指在科技金融创新活动中，针对科技金融创新产生的正外部性和可能出现的市场失灵，同时为了更好地发挥政府作用，有针对性地在金融监管理念、监管政策、监管方式等方面进行创新，提高金融机构开展科技金融创新活动的积极性。科技金融监管创新是科技金融创新的重要推手。

（一）现有科技金融监管政策体系

1. 组织体系创新

（1）设立专营机构。鼓励银行业金融机构在高新技术产业开发区等科技资源集聚地区通过新设或改造部分分（支）行，并将其作为从事中小科技企业金融服务的专业分（支）行或特色分（支）行。鼓励银行业金融机构在财务资源、人力资源等方面向专业分（支）行或特色分（支）行适当倾斜，加强业务指导和管理，提升服务科技创新的专业化水平。

（2）支持设立民营银行。稳步发展民营银行，建立与之相适应的监管制度，支持面向中小企业创新需求的金融产品创新。

（3）在专营机构加强专业机制建设。

2. 管理创新

（1）完善风险定价。鼓励银行业金融机构完善科技企业贷款利率定价机制，充分利用贷款利率风险定价和浮动计息规则，根据科技企业的成长状况，动态分享相关收益。

（2）建立专业审批机制。鼓励和引导银行在科技型中小企业密集地区、国家高新区的分支机构设立科技专家顾问委员会，发挥国家、地方科技计划专家库的优势，提供科技专业咨询服务；在审贷委员会中吸收有表决权的科技专家，并建立相应的考核约束机制。适当下放贷款审批权限。

（3）建立专业信贷管理机制。以科技型中小企业客户为中心，执行不同于一般客户的信贷"三查"标准与流程。贷前调查可参照创投机构筛选客户的方法，以技术优势、专利质量、研发与管理团队稳定性、商业模式和市场前景等要素划分客户并评级，开展营销和客户准入业务；贷时审查实行单独切块的审批计划，建立单独的审批渠道和审批流程，配置专职审查人和审批人，必要时，审批权可下沉前移到科技支行等基层经营单位。

（4）"生态圈"服务。鼓励商业银行建立"1+N"的多元化渠道，创新平台服务模式，通过与各级政府部门、创投机构、科技园区、科研机构、行业协会以及多层次资本市场的对接联动，为客户营造良好的科技金融环境。

3. 服务方式创新

（1）互联网金融创新。积极鼓励互联网金融平台、产品和服务创新，激发市场活力。

（2）改善信息科技服务。加快科技系统改造升级，在符合监管要求的前提下充分利用互联网技术为科技企业提供高效、便捷的金融服务。

4. 监管创新

（1）改革试点。在有条件的省（自治区、直辖市）系统推进全面创新改革试验，授权开展知识产权、科研院所、高等教育、人才流动、国际合作、金融创新、激励机制、市场准入等改革试验。

（2）差异化监管。对于风险成本计量到位、资本与拨备充足、科技型中小企业金融服务良好的商业银行，经银行监管部门认定，相关监管指标可做差异化考核。

5. 考核评价创新

（1）不良容忍与尽职免责。完善内部激励约束机制，建立中小科技企业信贷业务拓展奖励办法，落实授信尽职免责机制，有效发挥差别风险容忍度对银行开展科技信贷业务的支撑作用。

（2）风险补偿。创新科技资金投入方式。充分发挥国家科技成果转化引导基金的作用，通过设立创业投资子基金、贷款风险补偿等方式，引导金融资本和民间投资向科技成果转化集聚。进一步整合多种资源，综合运用创业投资、风险分担、保费补贴、担保补助、贷款贴息等多种方式，发挥政府资金在信用增进、风险分散、降低成本等方面的作用，引导金融机构加大对科技企业的融资支持。

（二）差异化监管

科技金融监管创新是科技金融总体创新中的重要一环，在当前科技体制和金融体制改革深化、积极发挥政府作用的形势下，如何通过监管创新为科技金融创新创造更好的环境，是监管部门面临的重要课题。

市场在资源配置中起决定性作用，同时更好地发挥政府的作用。科技部要同相关部门加快研究提出创新驱动发展顶层设计方案，全面分析影响创新驱动发展的体制机制因素，以建设创新型国家为目标，在构建国家创新体系特别是保护知识产权、放宽市场准入、消除垄断和市场分割、建设协同创新平台、加大对创新型中小企业支持力度、完善风险投资机制、财税金融、人才培养和流动、科研院所改革等方面提出更长远的改革方案。

在科技金融创新过程中，市场在资源配置中起决定性作用，包括：在科技领域，科技创新企业、高等院校、科研院所等主体相互作用优化创新要素配置，推动科技研发和产业化；在金融领域，银行、信托、证券、保险等各类金融机构从落实国家政策、提高盈利、实现差异化发展等动机出发，积极为科技研发和产业化提供融资支持和金融服务。

面对市场失灵，政府要更好地发挥其作用。在科技领域，行业主管部门主要包括国家部委层面的科技部，以及省市层面的科学技术委员会（简称科委）、高新技术园区管委会等部门。在金融领域，行业管理部门主要为"一行两会"，即中国人民银行、中国证券监督管理委员会、国家金监总局及在地方的分支机构。金融监管部门主要承担着维护行业稳定，确保不发生区域性、系统性金融风险的责任。对于科技金融创新中面临的市场失灵问题，金融监管部门一方面要积极引领、鼓励、支持金融机构开展科技金融服务，提升科技金融服务有效性；另一方面要履行监管职责，防止金融机构以创新为名行规避监管、增加杠杆之实。银行业金融机构的组织体系创新、产品创新、管理创新、服务方式创新和考核机制创新，需要有监管创新的配套才能落到实处，更好地发挥作用。

（三）科技金融监管的创新框架与创新思路

科技金融监管创新应当搭建总体的科技金融监管体制机制，涵盖科技金融监管顶层设计及改革方案、配套法律法规等维度，并搭建包括监管理念、监管目标、监管组织、监管方式、监管手段等方面在内的制度与政策体系。

1. 科技金融监管的创新框架

（1）监管理念。简政放权，梳理负面清单，以功能监管为主。简政放权即充分发挥市场调节机制的作用，调动市场主体创新的积极性，预留下级机构政策创新余地。梳理负面清单即以底线思维进行监管，践行"法无禁止即可为"的原则。功能监管是指关注业务本质，同质同类监管尺度统一，防范监管套利。

（2）监管目标。防范科技金融风险与促进科技金融发展有机结合。我国目前仍处于经济转型发展阶段，部分机构市场化程度不足，监管部门不仅要防范风险，也要通过监管引导机构支持其差异化定位、特色化经营，实现科学稳健发展。

（3）监管组织。科技行业监管部门与金融行业监管部门各司其职，通力合作。健全科技行业监管部门与金融行业监管部门沟通、合作、联系机制，融合、发挥各方优势，监管部门合作引导科技金融健康发展，加大对国家重点科技项目的金融支持，共同防范科技金融风险。

（4）监管方式。坚持风险监管、底线监管，落实机构监管、业务监管、从业人员监管，注重业务本质监管。守住不发生系统性、区域性风险的底线，通过适当方式促使科技金融机构、高管专业能力适应市场需求，对于创新型科技金融业务注重监管其业务本质，适当弱化形式合规要求。

（5）监管手段。丰富监管工具箱，注意减少对机构日常经营的影响。探索适应科技金融特点的监管手段，采取小型快速核查、延伸检查、穿透检查等方式，注重大数据及大数据技术的应用，从而减少对机构日常经营的影响。

2. 科技金融监管的创新思路

（1）坚定贯彻落实简政放权的国家政策。监管机构应当梳理并公开权力清单，严格限制在权力清单之外新增各类审批事项等事权。探索实行负面清单监管制，对于未列入负面清单的事项，不进行事后追责，践行"法无禁止则可为"的原则，充分释放科技金融监管制度红利。

（2）切实加强监管机构与监管能力建设。科技金融监管机构是科技金融监管创新的主体，搭建完善的科技金融监管协调机制，加强不同监管部门之间的协同配合。指导建立独立的科技金融监管机构及体系。同时，加强科技金融监管能力建设，培养一支既懂科技又懂金融经营的复合型科技金融监管人才团队。创新科技金融监管理念和手段，贴近科技金融市场主体进行服务与经营创新。

（3）积极发挥主观能动性，提高监管创新执行力。科技金融监管框架的搭建需要一定时间，在科技金融监管创新的道路上也会遇到各类意想不到的问题与困难。因此，科技金融监管相关主体（科技行业监管部门及金融行业监管部门）应当积极发挥主观能动性。首先，监管相关主体应对已有科技金融体系及相关政策进行梳理，深入研究科技金融发展体制机制、实施执行等各方面存在的问题。其次，对相关问题进行分类，属于国家科技金融体制机制方面的问题，积极向上级反映，提出可行性建议，争取在一定区域、一定时间内进行试点，认真分析和研究解决方式；对于政策尚未覆盖但在自身权限内可以解决的问题，加强问题收集和情况分析，及时加以解决。

3. 科技金融监管创新的路径选择

（1）制定可行性方案。科技金融监管部门在自身权限范围内，深入研究，提出科技金融监管创新实践试点方案，充分调查论证和征求意见后报上级部门，争取专业指导和工作支持。

（2）选取创新试点区域。根据我国改革开放所积累的经验，选取一定试点区域进行试点，确保风险可控、样本可观测，利于总结经验教训，及时推广复制。科技金融监管创新可遵循此种思路，选择科技金融发展基础较好、科技资源丰富、金融市场活跃的区域进行试点。

（3）确定创新试点内容。科技金融监管创新，重在开展差异化监管政策与差异化监管方式试点，此类试点应当明确具体范围与事项。如在试点机构放开受托支付、流动资金贷款额度测算等银行业监管政策要求，持续追踪观察科技金融监管创新的实施效果，总结经验教训。

以商业银行为例，科技金融监管创新可选择如下路径：国家科技监管部门与银行业监管机构合作，选取科技园区（如中关村国家自主创新示范区）内的数家支行网点（此类网点选取标准是单体网点，不是管辖其他网点的大支行以及管辖行）。在一定期限内（如三年），经申请并得到上级授权，调整原有监管政策尺度，开展创新试点，观察总结试点经验，并将成熟经验复制推广至其他地区。在试点过程中，不仅要完善总体试点方案、加强服务和监测分析，贯彻落实国家政策、充分借鉴已有经验，还应坚持在吸收原有监管工具、监管体系优点的基础上进行监管创新。差异化监管是监管创新的重要抓手，商业银行非现场监管经验及现有体系的样本具有良好的可借鉴性。

（四）科技金融监管的创新实践

近年来，北京银保监局认真贯彻落实中国银保监会和北京市政府的决策部署，紧密围绕中央加快实施创新驱动发展战略和北京科技创新中心城市功能定位，积极服务中关村建设国家自主创新示范区和科技金融创新中心，大力推动辖内银行业金融机构加强科技金融服务，探索开展科技金融监管创新。

1. 建立框架：搭建科技金融监管创新体系

第一，支持银行机构利用中关村国家自主创新示范区先行先试政策，在专营支行开展科技金融创新试点。中央支持中关村建设国家自主创新示范区，在示范区内开展创新先行先试，并将创新实践成果向全国推广。在科技金融创新领域，中央有关部委及中关村管委会、北京市科委等地方部门提出了一系列支持银行业金融机构加大科技金融创新力度的政策。北京银保监局鼓励辖内银行机构建设体制专营、业务专业、团队专精的科技金融专营支行，将专营支行作为各项政策落地的载体，一方面增强政策实施的有效性，确保政策能落地；另一方面将试点控制在合理范围内，实现持续跟进、及时纠偏。

第二，探索制定科技金融专营支行认定标准，实施科技金融监管后评价，对科技金融服务较好的银行业金融机构给予正向激励。各级政府以及监管部门提出了一系列支持政策，银行到底是真正在做科技金融，还是只是做做样子，需要有相应的监管后评价机制，对银行的科技金融创新成效进行后评价。

第三，逐步建设科技金融监管团队，为科技金融专营支行和科技型企业开展贴身服务。银行建设了专业团队、专营支行，更贴近园区、科技企业，也迫切希望监管机构能贴近园区、科技企业，获取第一手科技创新情况和问题，深化监管服务。以中关村核心区为基础建设国家科技金融功能区，推动金融监管部门设立办事处或分支机构，并将部分机构准入、业务创新管理、政策先行先试、产品审查、高管核准等职能授权中关村属地监管机构。目前，人民银行营业管理部已经在中关村国家自主创新示范区设立了中心支行，已针对性地推出了针对中关村企业的外债宏观审慎管理试点工作，将外汇管理政策与园区实际结合，提出差异化政策，取得了较好成果。北京银保监局已成立"科技金融服务创新工作领导小组"，下设办公室，简称"科金办"，抽调局内业务骨干组成专业团队，开展科技金融监管创新研究、政策制定、创新监管等工作。

第四，树立鼓励创新与实施审慎监管并重的监管理念。近年来，中国银保监会不断鼓励银行业金融机构提升服务实体经济质效，支持国家重大战略、地方重点工作项目。北京银保监局在科技金融监管创新方面也明确了鼓励创新与实施审慎监管并重。在坚守风险底线的基础上，引导银行业金融机构制定科技金融发展战略，配置足够资源，支持北京市全国科技创新中心建设，将科技金融打造为北京银行业的特色品牌。

第五，坚持"稳步推进、统筹兼顾"的监管创新原则。监管创新在一定程度上需要提高容忍度，允许试错。科技金融创新应该有利于提升服务实体经济的效益，不能通过创新逃避监管，进行监管套利；应该有利于降低科技创新活动的金融风险。在符合风险底线要求的前提下，坚持"稳步推进、统筹兼顾"的原则，探索不同种类的发展模式，对于能够达成多数一致的规范性要求，可以逐步形成行业规范标准。

2. 监管政策创新

北京银保监局在梳理现有科技金融监管政策的基础上，深入调查研究，多方征求意见，总结出一套监管政策创新体系与目标。

（1）积极推动设立民营银行。鼓励民营银行发挥自身优势，以服务科技金融作为差异化定位，探索机制创新，增强科技型中小企业服务能力。

（2）支持辖内符合条件的银行在中关村设立分行级机构。鼓励辖内总行、北京分行从自身战略出发，设立专门的科技金融管理部门，负责科技金融业务管理、服务创新、审批、考核、专营机构管理等工作，力争实现条线管理。探索建立具有北京特色的科技金融管理部门，实现与公司业务、零售业务、小企业业务类似的条线管理。

（3）推动辖内银行结合政府资格认定、企业所属行业、技术专利、研发活动、商业模式等要素对科技企业客户进行认定，并在信息系统中进行标识和管理。科技企业认定缺乏标准，易导致科技金融行业、条线、客户边界不清晰，不利于针对科技企业客户提供专业服务，也不利于科技金融专营机构在科技企业户数、业务规模占比等方面实现专营。因此应推动辖内银行进行科技企业客户认定。由于各银行在经营战略、主要客户等方面存在差异，所以不制定统一的认定标准，而是由银行制定适合自身的认定标准，由监管部门统一掌握。

（4）推动辖内银行设立科技金融专营支行、专营团队等专营机构，探索制定科技金融专营机构管理制度。专营机构应主要从事科技型中小企业服务，建设专门的贷款管理、考核机制和专业人才队伍。对符合条件的专营机构，允许在命名时使用"科技支行"字样，推动银行开展创新试点，探索实施监管后评价和差别化监管，并争取市政府相关部门的政策支持。北京银保监局将探索制定科技金融专营机构管理制度，主要包括专营机构认定标准以及后评价制度等。专营机构应突出科技金融属性，主要从事科技型中小企业服务、逐步减少传统业务占比；授予专营机构必要的业务审批、考核评价等试点权限；单家专营机构聚焦少数科技细分领域、专项客户群体；打造科技金融营销、管理、审核专业团队，开展契合科技企业客户需求的个性化营销，建立基于全面认知科技企业风险的差异化贷款审核标准，建设标准化批量化的高效报告、放款、贷后管理体系。

（5）支持辖内银行在合规和风险可控的前提下，主要面向科技型中小企业开展投贷联动，银行可根据提供的贷款和增值服务以及协议约定，分享相应的股权投资收益，主要用于抵补信贷风险，以扩大成长早期科技企业金融服务覆盖面，促进信贷风险与收益匹配。支持辖内银行与经审慎准入的股权投资机构合作开展选择权贷款业务，在提供贷款和增值服务的同时获得企业股权的选择权。积极与相关部门沟通，优化投贷联动的外部环境。

（6）鼓励辖内银行紧跟创新驱动发展、京津冀协同发展等国家战略，在资金来源与运用匹配的前提下，利用高净值客户理财资金等符合条件的资金，与产业龙头、科技园区等合作设立结构化股权投资基金，为重大建设项目、传统产业转型升级、高新技术企业成长等提供资金支持。鼓励有条件的银行发挥自身优势，采取适当方式参与基金管理、投资决策，增强综合金融服务能力。

（7）鼓励辖内银行针对科技型中小企业的特征和需求，在担保方式、信贷管理、政银合作等方面创新产品服务。配合知识产权主管部门完善知识产权登记、评估、转让、收储、风险补偿等机制，积极开展知识产权质押融资业务。科学运用循环贷款、年审制贷款等业务品种，合理采取分期偿还贷款本金等更为灵活的还款方式，减轻企业还款压力。

（8）鼓励政策性银行充分发挥政策性金融功能，支持科技成果转化和产业化、科技企业并购、企业自主创新、农业科技创新和科技企业"走出去"。

（9）人才队伍建设。鼓励辖内银行在科技金融管理部门和专营机构逐步建设了解科技行业常识、熟悉创业投资实践的客户经理、专职审查审批人员等专业人才队伍，进一步整合前台、中台、后台的相关资源。

（10）鼓励辖内银行积极运用互联网和大数据技术创新管理和服务方式。在合规的前提下，适度参考第三方金融信息平台或专业资信调查机构的信用数据，提高信贷及风险管理科学性。对于额度小、周期短、适合标准化运作的信贷业务，探索开发相关产品，实现操作流程的线上升级。

支持辖内银行利用大数据技术和思维，运用大数据手段进行辅助风险控制。拓宽对数据信息的定义和采集手段、网络信贷多用于对已授信客户的循环贷款申请，或针对已掌握信息较为充分的存量客户的小额贷款申请，通过实现业务流程线上化，提高信贷服务效率。辖内一些银行已有相关产品创新。

（11）积极探索监管政策、方式等创新，提高科技金融监管有效性，优化科技金融监管服务。利用中关村国家自主创新示范区创新改革试验机制，支持辖内银行在科技金融专营机构开展创新试点，注重后评价和经验总结，鼓励北京分行向总行争取政策支持。从实质重于形式、风险为本的监管理念出发，探索制定差别化监管政策，在监管评级、现场检查中实施差别容忍。逐步建设专业化的科技金融功能监管团队，对投贷联动等创新模式探索创新监管方式。探索重实质性的风险管控，而非形式合规，深入调研了解辖内科技金融创新业务面临的各方面问题，以问题为导向，在监管评级、现场检查中进行差别容忍。

（12）受托支付、流动资金贷款额度测算。贷款人应根据借款人的行业特征、经营规模、管理水平、信用状况等因素和贷款业务品种，合理约定贷款资金支付方式及贷款人受托支付的金额标准；贷款人应合理测算借款人营运资金需求，审慎确定借款人的流动资金授信总额及具体贷款的额度，不得超过借款人的实际需求发放流动资金贷款；对小企业融资、订单融资、预付租金或者临时大额债项融资等情况，可在交易真实性的基础上，在确保有效控制用途和回款的情况下，根据实际交易需求确定流动资金额度。督促银行业金融机构加强贷款全流程监管，严把三个"真实"：贷前调查要严把真实信贷需求，防止以虚假合同套取银行资金；贷中审查要严把真实风险缓释，防止风险的持续积聚；贷后检查要严把真实贷款用途，大额贷款强调受托支付，防止贷款挪用。

具体到科技创新企业，科技创新企业具有高速增长、轻资产等不同于传统贸易、制造企业的特点，前期技术投入大，技术转化费用高，市场开拓投入高，增长速度非常规。这些特点使得科技创新企业的融资缺口不能按照传统企业收入成长预测及应收、应付等进行测算。即使能够通过财务报表测算出流动资金缺口，也与实际情况偏差较大，无法作为贷款发放的真实依据。此外，多数知识技术密集型科技企业以人员工资、外包服务为主要成本和费用，在支付方面较为随意。若采用受托支付，无法充分利用信贷资金。

第五章 吉林省科技金融发展及服务平台构建

第一节 吉林省农业科技金融的发展思考

农业是国内经济的运行支撑,也是国民经济的基础支撑,只有开展高水准的农业建设,才能推动现代化的发展进程。农业发展不是只依靠传统劳动力操作的方式就能实现的,也需要充分利用各种科学技术强化农业生产的先进性,并为国民经济稳定发展提供更多的力量。同时也能让农村得到更高层面的建设,逐渐提升农民的幸福度。吉林是农业大省,为保障国家粮食安全作出了重要的贡献,农业基础好,有利于发展现代农业。[①] 吉林省需根据发展问题制定针对性的发展措施,促使农业得到更优质的科技以及金融的支持,增强吉林省开展现代农业建设的力量。

一、吉林省现代农业发展现状

第一,粮食产量稳步提升。吉林省发挥农业大省优势,全力推进黑土地保护,推进"藏粮于地、藏粮于技",不断增强粮食生产能力,粮食商品率、粮食调出量多年居全国前列。

第二,农业基础保障能力进一步提升。近年来,吉林省大力运用新技术涵养土壤肥力,全力推广保护性耕作,实施面积连续多年提高。高标准农田建设快速铺开,显著改善了全区农业生产条件,推动了新型农业经营主体发

---

① 陈国华. 吉林省现代农业发展的区域比较研究 [D]. 长春:吉林农业大学,2012.

展，为推进农业适度规模经营创造了积极条件。粮食生产全程机械化作业，基本实现测土施肥、绿色防控、飞防作业全覆盖，综合机械化水平超过91%，为保障粮食产量和维护粮食安全提供了保障。农业绿色发展水平不断提高，化肥、农药连续保持使用量实现负增长，秸秆资源综合利用率达到70%以上，畜禽粪污综合利用率达到89%。农产品例行监测合格率98%以上，有效保障了农产品质量安全。

第三，农业经营主体加快成长。新型农业经营主体发展迅速，实现了从分散经营到集约发展，农业生产托管经营业已成为主导模式。农业龙头企业不断延展产业链条，为农村发展注入活力。

第四，科技创新显著增强。持续抓好农业科技创新，主要粮食作物良种率达到100%。引导各类科技人才下乡进村，推动农村创业创新。实施数字农业创新工程，大力实施信息进村入户工程，农业信息化在五个方面实现全国第一。

第五，积极培育农产品品牌。实施品牌提升行动，发挥生态资源和农产品品质优势，打造玉米、大米、长白山人参、杂粮杂豆、黑木耳等特色品牌，聚焦"安全、营养、健康"，把特色优势农产品品牌做大做强，推进品牌体系优化升级。建立了吉林农业品牌名录，完善了品牌产品标准，加强品牌监管保护，全面提升品牌知名度和竞争力。

二、吉林省农业科技金融的主体与特点

在一定的制度背景下，汇集政府和市场的力量，创新金融产品和服务模式，搭建服务平台，实现农业科技创新与金融资本在农业领域的有机结合，为不同发展阶段的农业科技企业提供融资支持和金融服务。这就需要在农业科技投入的方式上采取两者结合的方式，按照政府引导、市场化运作的原则进行大胆的创新。农业科技金融是一种创新活动，农业科技金融是农业科技创新与金融创新的结合。农业科技创新对金融创新有需求，农业科技创新要求金融工具或是金融服务形式以更加灵活的方式来满足包括融资、分散风险、监管在内的各种需求。农业科技金融是全社会的投入性活动。金融支持农业科技创新具有长期性和系统性的特点，需要政府、银行、科技企业、担保机

构、各种中介机构等共同参与，共同进行资金投入。

（一）吉林省农业科技金融的参与主体

1. 农业科技金融的供给主体

（1）中央和吉林省政府。中央和吉林省政府在农业科技创新中处于主导地位，能够提供监管，并加大投资。政府不以营利为目的，注重的是社会福利的增加。农业科技金融能够在很大程度上解决金融市场失灵所带来的资源配置低效问题，其服务的主要对象是靠市场机制不能获得足够资金的企事业单位和个人。在一些基础性、具有前瞻性的农业科学研究领域中，能够获得的资助主要来源于中央政府，中央政府还会倾向于加大重大农业科技成果的研发、应用和推广投入。吉林省具有经济影响的农业科研领域，以及当地的应用农业技术成果的开发、应用和推广，主要由吉林省政府资助。在每年的财政预算中，中央政府和吉林省政府都会将一定比例的资金，通过综合性科研计划、科学基金、农业发展基金等方式，用于"三农"的建设。除了直接投入资金，政府还会采取减税让利、风险补偿等方式，激发公众开展农业科技创新的积极性。

（2）政策性金融机构、商业性金融机构。政策性金融机构在发放资金时，虽然不以营利为主要目的，但也要遵循保成本经营和资金有偿周转使用的基本原则。中国农业发展银行和国家开发银行作为我国主要的政策性金融机构，为国家农业科技创新提供了融资支持。

银行、非银行金融机构、保险机构等都属于商业性金融机构范畴，是科技创新活动的最主要投资者。不同金融机构提供的科技金融供给不同。银行、信用社等主要提供贷款融资。保险机构针对不同地区、不同层次的农业科技研发、推广和应用的不同环节开发适合的保险产品，为农业科技创新提供便捷的保险服务。

（3）涉农企事业单位。在进行农业科技创新活动时，涉农企事业单位的资金来源主要有两个方面：①自有资金。在农业科技创新的不同阶段，农业科技创新活动的资金来源构成区别很大。在进行科技活动创新的早期，大多数资金以自有资金为主，外部资金为辅。②当前期基本研发结束后，后期的农业科技应用和推广，往往要以外部资金的帮助为主，自有资金为辅。此外，涉农企事业单位之间也存在资金交流，一些科技互补的单位会相互结合，形成投资合作的关系；也会有一些拥有闲置资金的涉农企事业单位将资金投给那些拥有良好未来发展前景的农业科技项目。

2. 吉林省科技金融的需求主体

（1）政府。基于战略安全方面的考虑，吉林省政府需要通过农业科技创新的方式加快建设现代化农业的步伐。吉林省政府能够从宏观的角度为农业科技创新活动的发展提供引导，能够在政策上给予支持和限制，组织各农业科技创新机构完成农业科技创新活动。吉林省政府是农业科技创新活动的主要参与者，在国家农业科技创新体系中主要发挥调节和协调的功能，可以通过科技市场和科技资本市场为农业科技创新筹集经费，实现其整体目标和公益目标。

（2）农业科技型企业。农业科技型企业主要进行适应市场需求的科技创新活动，其从事的农业科技创新活动一般具有风险低、投资回报率高等特点。它们是农业科技金融的主要需求主体。在生命周期不同阶段的农业科技型企业都需要资金的支持。农业科技金融市场和金融工具在提供服务时，几乎都拥有共同的目标——满足农业科技型企业的科技金融需求。

（3）涉农高校和科研机构。在农业科技发展的过程中，我国农业科技创新的主要工作由涉农高校和科研机构开展，这些机构所开展的技术研究与开发一般具有公益性、基础性和社会性。涉农高校和科研机构的研究能够提供大量属于公共产品的科学知识，这些科学知识会被应用到农业科技创新发展的实践中去。在通过教育和培训之后，能获得更多为农业科技创新活动做出贡献的人才，进而促进农业知识和技术的传播与扩散，加强农业科技成果的转化和应用。

（4）农业科技服务组织和个人。我国土地面积相对较大，所以农业生产具有明显的区域性和分散性，随着现代农业技术的产生与发展，农业技术的复杂程度也在不断提高，所以我国的农业科技服务体系也应与这些特殊性相适应。我国的农业科技服务网络由农业科技人员、各级农业科技服务机构、科技特派员等组成，具有组织协调技术创新要素的能力和功能，不仅可以引进、示范、推广新品种和技术，而且可以针对技术扩散中的实际问题进行创新。

（5）农产品的生产者。农业科技创新成果的实际应用者主要是农业专业大户、家庭农场、专业合作社和职业农民等农业生产经营主体，扮演着应用农业科技创新成果角色。各个农业生产经营主体会根据地域特征对农业科技结果进行创新和改良。有一些农业生产经营主体，以此谋求经济效益最大化。无论是农业科技创新成果的改良和创新，还是推广和应用都离不开民间资金、信贷资金和保险等资金方面的支持。

3. 吉林省农业科技金融中介

在农业科技金融的供给主体和需求主体之间，科技金融中介的作用不容忽视，它是连接农业科技金融供给主体和需求主体的纽带与桥梁。农业科技金融中介机构主要是调节农业科技创新主体在不同层次和阶段对金融的需求。根据农业科技金融中介机构的服务类型，可将其分为科技服务中介机构和融资服务中介机构。

农业科技金融的参与主体之间相互协调，共同成长，不仅可以让农业科技金融的需求方获得资金，还为农业科技金融供给方的业务发展增添了新手段。各主体充分发挥能力，相互配合，共同发展，创造各农业科技金融主体共赢的条件。

（二）吉林省农业科技金融的特点

一方面，可以将吉林省农业科技金融看作农业金融在农业科技领域的具体体现，因此它也属于农业金融的范畴；另一方面，农业科技金融是科技金融在农业领域的具体应用，因此它也属于科技金融的范畴。农业科技金融的复杂性在于它兼具产业金融、科技金融和农业金融的共同属性。对于农业科技金融的理解，可以从以下五个方面进行把握：

第一，吉林省农业科技金融的核心是研究金融如何有效、全方位地为农业科技产品的生产、中试、示范和推广应用提供金融服务，从而促进农业科技产业的发展。在融合过程中，必须以农业科技产业为本。金融知识是为农业科技产业的发展服务的，是由农业科技产业的发展引申出了金融服务问题。

为促进农业科技与金融的结合，需要根据农业科技创新与金融活动的规律和特点，科学设计和安排相应的金融机构、金融工具、金融服务、金融政策和金融制度。

第二，吉林省农业科技金融是一项系统工程。农业科技金融在运行过程中，不仅涉及金融产品与金融服务活动，而且与金融机构、金融政策和金融制度安排相关。国内农业科技金融的实践中既有产品和服务层面的创新，也有金融机构、金融政策和金融制度层面的创新。

第三，吉林省农业科技成果的转化与产业化的金融资源配置问题是农业科技金融的重要命题。农业科技产业发展过程中，非常重要的一个内容就是农业科技成果向现实生产力的转化，这也是农业科技金融兴起的原因。如何引导和动员金融资源向农业科技领域聚集，解决农业科技成果转化过程中金融资源供给不足和效率不高等问题是农业科技金融的主要任务。这一方面有赖于金融创新；另一方面也有赖于农业科研体制改革创新。

第四，吉林省农业科技金融是一个过程，是引导和动员金融资源向农业科技产业聚集，满足农业科技产业发展需要的金融服务过程。在这一过程中涉及资金融通、风险管理、资产定价等不同金融功能的发挥。

第五，吉林省农业科技金融更加注重政府政策支持与财政投入的引导作用。农业科技创新的基础性、公共性和社会性，决定了农业科技投入应以政府财政投入为主。同时，农业科技创新又具有周期性、高风险性的特点，这就要求金融资源介入农业科技创新领域时，必须更加注重和发挥政府政策支持和财政投入的引导作用，构建合理化的风险补偿机制。

三、不同主体的吉林省农业科技创新特点及金融需求

（一）新型农业经营主体的农业科技创新特点及金融需求

新型农业经营主体的投入成本主要包括转包租金、农业生产资料购置、雇工工资、农机购买、运输、仓储等内容，所需资金量较大，其资金来源主要为财政性转移支付、银行信贷、农业政策性保险和民间资本（亲戚借贷或通过非正规金融机构渠道借贷）等。当前我国新型农业经营主体的金融需求

呈现以下特征：

第一，融资需求从小额向大额演进。在吉林省追求现代农业产业化的过程中，新型农业经营主体的资金需求从传统的基础设施建设和生产支出，向新品种、新技术、智能化设备等的支出转化。

第二，融资需求呈现出长期性和时效性。在成长的早期阶段，因需要大量建设农田水利设施和购买采种设备等，资金需求呈现出量大且长期性的特点。由于农业生产的季节性，资金需求同时又呈现出量小、期限短、融资方便的特征。

第三，金融服务需求向多元化转变。随着农业生产规模的扩张，金融服务需求从过去的简单存贷款需求转变为多样化的金融综合业务需求，如信息咨询、农业保险、证券交易等。

第四，资金用途差异化明显。一般而言，起步阶段的家庭农场、专业大户等，以购买农业生产资料为主；发展壮大阶段的新型农业经营主体，则主要用于新品种引进、农技服务、新型设备的购买等方面。

第五，农业生产经营主体的组织化、产业化程度对融资需求和融资方式具有重要的影响。一般而言，组织化、产业化程度越高，经营主体的融资需求越大、融资用途越广泛、融资成本越低。其中，农业产业化龙头企业的融资成本最低，家庭农场和专业大户的融资成本最高。经营主体生产经营状况、财务状况等影响融资方式的选择，经营主体实力越强，越倾向于采用抵押贷款的方式；相反，则以信贷的方式进行融资。

(二) 农业科技企业的农业科技创新特点及金融需求

涉农科技型企业一般为中小型企业，具有轻资产、缺乏有效的资产担保抵押品等特征。在不同的发展阶段其融资的方式和渠道有着明显的差别。基于企业生命周期理论，种子期企业主要从事新工艺、新品种、新技术或重大技术研发，具有技术风险高、投资回报收益率低等特点，且以内源融资为主，风险投资、引导基金为辅。

第一，创建期。创建期主要为新品种或新技术的中试或扩大化生产阶段，技术风险虽已下降，但市场风险明显提高。而且此阶段企业也面临一定程度的财务风险,资金来源是以风险投资或引导基金为主的权益资本融资,在一定程度上或可获得部分科技银行发放的以信贷为辅的债务融资。

第二,成长期。成长期主要为扩大生产或市场化阶段,市场风险和技术风险明显下降,且企业具有一定的盈利能力,以银行为主的信贷债务融资开始大规模介入,风险资本开始逐步退出,企业可利用的融资方式和渠道逐渐增多,此阶段也是企业规模不断扩大的阶段。

第三,成熟期。企业进入稳定的盈利期,同时伴随着企业管理制度和财务制度的不断完善,有效资产不断增多,其通过资本市场获取资金的能力也不断提高,有效的金融市场和金融工具是其利用的重要方式。

(三)涉农高校与科研机构的农业科技创新特点及金融需求

涉农高校与科研机构承担的科研项目,一般具有公益性、长期性、基础性的特点,决定政府应承担投资主体的责任。其课题来源大体上可分为两类:一类是中央政府部门下达课题,如国家重大科技专项课题、星火计划课题、国家级火炬计划课题、国家自然科学基金课题、国家科技支撑计划课题、国家973计划课题、公益性行业科研专项课题。另一类是地方政府部门下达课题,如地方自然科学基金课题、地方科技攻关计划课题、地方火炬计划课题、地方星火计划课题;企业委托课题;自选课题;国际合作课题;等等。

受到课题来源的限制,涉农高校与科研机构在进行农业科技创新研发时,更多采用政府项目申请的方式,其资金来源主要依靠政府的财政性科技投入、科技贷款、科研院校自有少量资金和部分社会资金投入等。

(四)农业科技服务组织的农业科技创新特点及金融需求

金融需求由单一化向多元化转变。农业生产经营主体在对传统的育种技术、种植技术、养殖技术、农机技术、农资配送、农技推广、测土配方施肥等农业科技服务需求的基础上,逐渐开始重视经营管理、信息传播、产品供求、加工、储藏、全程托管、代耕代种、联耕联种、统防统治、农机租赁维修、土地流转、产权交易等现代农业科技推广服务的需求。

多样化的市场需求要求农业科技服务必须建立需求导向机制,并不断向多样化、多元化的服务迈进。多样化、多元化农业科技服务离不开市场化主体的参与，更离不开市场化资金的参与。但由于我国的国情和农业产业本身的特殊性以及农业公共服务所具有的公益性质，在市场经济机制的作用下，农业科技服务作为公共服务，其供给者无法保证能实现利益交换。当前我国的农业科技服务组织仍然以政府为主导的公益性农业科技服务组织为主，以市场为主导的经营性农业科技服务组织仍然处于起步发展阶段。因此资金的来源仍以财政转移支付为主，市场化资金为辅。

四、吉林省开展农业科技金融的提升对策

（一）积极关注农业科技金融呈现的特殊性

针对当前吉林省未能关注农业科技创新的特殊性的问题，首要的工作就是积极关注农业科技所呈现的特殊性，逐渐提升科技成果转化为资金的能力。这需要开展以下两个方面的工作：

第一，加大在农业科技研究上进行成果转化的投入力度。针对吉林省在进行农业科技发展过程中所存在的各项问题，从政府层面进行科技力量的投入，努力提高科技成果转化为资金的效率，只有这样才可以让农业科技实现更好的发展。

第二，积极让农业科技实现跨越式的发展。吉林省可以通过示范基地的方式推动农业科技和当前农村经济实现跨越式的发展，促使农业科技成果实现转化率的逐渐提升。此外，在进行项目经费管理的过程中，必须严格经费的使用原则，实现专款专用的资金利用，推动农业科技实现更好的发展。

（二）科学改变农业科技贷款方式

吉林省要想实现农业科技创新发展，可以高度建设农业科技金融，这就需要科学改变农业科技贷款方式。

第一，吉林省必须积极转变贷款的理念。在传统抵押理念的影响下，吉林省很难为农业科技企业提供更优质的贷款工作。必须积极转变贷款理念，更加重视对技术层面的关注。这是因为技术是当前农业科技企业能够实现核

心竞争力逐渐提升的基础,只有具有较强的技术发展能力,才可以让企业在市场运行中获得更高层面的发展。所以在为农业科技企业提供贷款服务的时候,金融行业必须关注企业所呈现的技术创新能力,依照农业科技企业所呈现的技术发展潜力对其进行贷款额度的确定。

第二,吉林省需要开展农业科技金融市场间接融资工作。农业科技要想实现创新发展,不仅要开展直接融资,也需要通过间接融资的方式来提升农业科技企业进行科技创新的能力。所以吉林省可以发展私募基金或者是产权交易的间接融资市场,让农业科技企业获得更强的融资能力。

(三) 强化融资功能

吉林省在进行农业推广的过程中必须重视在资本层面上的发展,逐渐强化对农业科技企业的融资功能。吉林省需要开展以下工作:

第一,吉林省政府必须加大对农业科技发展的扶持力度。可以通过建立专门的政策性金融机构对农业科技企业进行政策帮扶,增加在农业科技层面上的资金投入。同时,吉林省政府通过贷款贴息或者是税收减免的方式,为农业科技企业实施技术创新提供更多的资金保障。

第二,农业科技企业必须强化自身所呈现的竞争能力。企业要想在当前农业市场运行中获得更好的发展,就必须主动提升自身的核心竞争力,增强抵抗和解决各类风险的能力。企业在发展的过程中也需要重视对优秀人才的培养和引进,通过组建高素质的人才队伍,可以帮助农业科技企业实现管理水平以及技术发展的提升。

吉林省在进行农业以及农业科技金融的发展过程中存在多个问题,如农业科技金融供求不匹配以及未能有效关注农业科技呈现的特殊性等问题。这就严重制约了吉林省在金融发展过程中所呈现的生命力,未能让农业科技成果有效地转化为农业生产动力,从而影响吉林省实现现代农业发展的进程。所以吉林省必须关注当前农业科技金融发展中所遇到的问题,积极制定针对性的策略,促使农业科技金融更好开展,让各项农业科技研发成果转化为农业发展的动力,以此实现更高层面的农业建设。

第二节　吉林省改善财政性科技金融现状的对策建议

一、加大吉林省的财政投资力度

(一) 明确财政投入的稳定增长机制

吉林省需要进一步加大科创方面的政府投入和政策支持力度，如设立国家自然科学基金，鼓励吉林省政府有条件的地方人民政府结合本地区经济社会发展需要，合理确定基础研究财政投入，加强对基础研究的支持。

吉林省政府应制定相关配套法规与细则，保障财政科技经费投入的落实工作，形成稳步增长机制。明确吉林省各级政府与部门在财政科技投入方面的财权和事权，形成并健全有效的责任考评与监督制度。尽快改变吉林省财政科技投入不足的局面。

(二) 创新吉林省的财政投入的支持方式

让吉林省政府充分发挥其管理和支持职能，以创新的方式支持对科学和技术的财政投资，提高财政资金的使用效率：

第一，注重持续建设科技金融服务平台。不断吸引融资方、投资方、第三方专业服务机构入驻平台。在平台内实现整合资源、创新产品，为平台使用者提供信息共享、投融资需求对接、投融资项目管理等服务，形成一站式服务体系，充分发挥服务平台的中介作用，贯穿项目发展始终。扩大平台服务地域范围，囊括全省科技金融资源，实现资源融通，盘活省内资本与人才资源。

第二，积极进行科技园区建设。实现管理体制科学化，从园区发展实际情况出发，坚持扁平化结构，建立高效完善的企业化管理团队和组织架构。实行负责人由政府委派，具体管理人员通过社会招聘的人才管理结构，组建专业团队实现园区市场化运营。推广成功园区的建设经验，引进园区项目经营公司，进行园区软、硬件基础设施建设；外包园区营利性商业项目；多种方式引进社会资本入股，解决园区资金问题。

第三，由财政出资设置奖励，激励银行等金融机构对科技型企业尤其是中小企业发放贷款。财政资金设立风险补偿基金，对企业、担保、保险等机构进行保费补贴、贷款贴息等资金支持。有了政府的支持和引导，银行和金融机构能够更加放心并积极地提供资金支持。

二、发挥政府引导作用

借鉴成功的融资风险补偿机制，建立符合吉林省省情的融资风险补偿机制。由中央财政和地方财政共同出资设立风险补偿基金，明确资金赔付、追偿等具体事项，规范基金的使用，引导金融资本对科技企业提供贷款支持。在融资项目运行中，由吉林省政府引入担保公司、保险公司和评估公司，并明确各主体的风险分担比例。金融机构定义并设立科技信贷业务风控逾期指标，企业一旦超过所设阈值立即中止项目，由风险补偿基金管理人组织各方商议对策进行风控整改，合格后恢复项目运行。

三、提升对科技型中小企业的支持

中小企业是相对于微型企业而言的生产规模较大的企业，即劳动力、劳动对象和产品生产集中程度较高的企业。中小企业在国民经济中起着十分重要的作用，是国家建设的重点，它符合生产社会化和科学技术进步的客观要求，在投资和生产经营上能带来明显的经济效益。中小企业是实施大众创业、万众创新的重要载体，在增加就业、促进经济增长、科技创新与社会和谐稳定等方面具有不可替代的作用，对国民经济和社会发展具有重要的战略意义。吉林省应充分重视中小企业融资难、融资贵的难题，从多方渠道为中小企业提供财政和金融支持。在吉林省中小企业中，已经通过认证的中小企业如科技"小巨人"企业等，对政策的反响要优于普通中小企业，而普通中小企业能够享受到的政策优惠低于平均水平。要解决这一问题，一是提高普惠型财政、金融支持；二是降低政策门槛，推广中小企业资格认证，开展专项培育。

四、区域联合，推动产业链创新

以吉林省优势企业所在地作为牵头城市，寻求与其他具备产业链优势的企业所在地区联合形成科创企业大区，共同承担对科创型企业的资金支持，合资经营金融机构。各个环节紧密相扣，以形成产业链创新为目标，支持全行业研究开发活动，共用各地区财税优惠政策，为科技创新提供全面的资金和财税支持。

五、建立政策绩效评价体系

吉林省应建立更为完善的区域科技金融政策绩效评价体系。评价体系要进一步细化、量化考核指标，完善考核方法，构建更加严密科学的考核体系。

第一，需要遵循科学、全面的原则，确定评价内容。

第二，需要遵循指标可测度的原则，设置具有现实意义、可操作的细化指标。构建完整的指标体系对于绩效测度至关重要，应先从上到下确定指标体系框架，确保政策评价体系的完整、有机构成，避免造成指标构成过于片面的情况。可以从投入指标和产出指标两方面入手：投入指标可包含政府科技金融投入、市场科技金融投入、科技人员投入；产出指标可包含科技创新产出、财政投资绩效、市场投资绩效等方面。在评价方法上，可以采用不同行业专家打分的方式，对指标进行赋权，动态确定指标权重，根据行业侧重点的不同进行具体的绩效评价。

第三节　吉林省战略性新兴产业科技金融支持的发展

战略性新兴产业是指以重大技术突破和重大发展需求为基础，对经济社会全局和长远发展具有重大引领带动作用，成长潜力巨大的产业。它是新兴科技和新兴产业的深度融合，既代表科技创新的方向，也代表产业发展的方向，具有科技含量高、市场潜力大、带动能力强、综合效益好等特征。如今，积极推动和培育战略性新兴产业，是我国走出国际金融危机影响，实现经济社会全面、协调、可持续发展的重大战略举措。

近年来，吉林省结合当地实际情况制定了相应的战略性新兴产业发展规划，吉林省战略性新兴产业科技金融的发展取得了一定进步。吉林省解决好战略性新兴产业科技金融在发展过程中的问题，对吉林省实现科技创新带动经济发展的目标有着重大意义。

吉林省战略性新兴产业科技金融支持的策略如下：

第一，加大科技金融的投入。在政府资金支持方面，吉林省政府应统筹安排好各类科技金融资源：①加强政府专项资金对战略性新兴产业的扶持，通过贷款贴息、担保补助等方式加大扶持力度；②通过减免税收、返还土地出让金等政策加大财政税收对企业发展的投入力度。

在企业资金支持方面：①在政府的协调和政策规定下充分发挥各类金融机构对战略性新兴企业的支持作用，引导更多的社会资本进入企业创业投资领域；②鼓励具有一定条件的战略性新兴企业利用资本市场获得融资。

第二，建立健全科技金融支持体系。①依托吉林省科技金融服务中心搭建针对战略性新兴产业的独立的、专业的、一体化综合金融科技服务平台，集融资、风险评估、科技信用担保、技术咨询、法律、保险、培训等多种功能，以满足不同规模战略性新兴企业不同发展阶段的融资需求，并解决主体间信息不对称的问题。②政府要发挥好统筹协调和引导扶持的作用，积极支持战略性新兴企业拓宽融资渠道，帮助解决企业融资难的问题，并完善相关政策体系。③建立有效的激励机制，如股权激励金鼓励战略性新兴企业完善科技资金使用管理办法以提高科技金融资金使用效率。

第三，发展多层次的金融市场。政府应根据战略性新兴产业不同阶段的发展特点，出台相应政策协助企业从相适应的金融市场获得资金。战略性新兴企业在发展过程中呈现出对不同金融市场的资金需求。①企业在初创期，因自身技术不成熟，经营风险高，很少能从银行获得间接投资，因此这一时期主要依靠政府资金扶持。②企业在成长期，已具备了一定的技术积累和技术优势，这一时期可以通过证券市场获得融资。由于主板市场对企业规模和盈利有较高要求，在主板市场上市难度较大，因此政府可以培育有潜力的企业在新三板、科创板上市或通过私募股权的方式获得融资。③成熟期的战略性新兴企业盈利水平有所提升，面临的风险也有所下降，为了拓展业务，依旧存在巨大的资金需求，这一阶段企业既可以选择从银行获取成本较低的大额资金，又可以通过在主板市场上市获得更多股权。

第四，拓宽战略性新兴产业融资渠道。战略性新兴产业在发展的各阶段需要大量的长期资金，因此需要细化金融产品和服务为企业搭建多方面的融资渠道以满足其资金需求。比如建立专业的科技银行，围绕战略性新兴企业的成长周期，创新不同特点的贷款产品以适应战略性新兴企业在不同成长阶段的资金需求。一方面要继续完善企业现有融资渠道；另一方面要根据项目资金需求量、企业规模和实际情况对接相应的金融产品。

第四节　吉林省科技金融服务平台运行模式及构建

一、区域科技金融服务平台运行模式

科技金融服务平台主要有三种运行模式，它们分别是以政府为主导的融资服务平台模式、金融机构自建平台模式和共享共建平台模式。

第一，以政府为主导的融资服务平台由于以政府为保障，因此能够更好地保障平台的资金融通，但由于其带有明显的政策性与公益性，相对而言运行效率较低。如美国成立联邦小企业管理局为中小企业提供资金、政府采购合约以及咨询服务等。中国广东成立的科技型中小企业投融资服务中心，为广东省科技型中小企业提供贷款业务，提升了科技型中小企业的投融资水平。

第二，金融机构自建平台就是金融机构为资金供给主体，追求利润的最大化，因此在公益上有所欠缺。硅谷银行是最为典型的金融机构自建平台之一，其风险投资基金专注于为成长性好、但还没有收入的企业提供股权投资。

第三，共享共建平台是指各个融资机构之间相互配合与协调，利用资源共享构建为中小企业服务的平台，建设时间相对较短、成本较低、见效较快。浙江全球网是目前为止中国共享共建科技金融服务平台中最为成功的典范之一，它由政府指导、市场化运作，将电子商务的B2B（企业对企业）模式引入中小企业融资领域，是为政府、银行和第三方专业机构提供金融服务的大规模协作平台。

二、吉林省科技金融服务平台的构建

（一）科技金融发展状况

为了更好地实现科技与金融的有机结合，吉林省选取长春市高新技术开发区作为科技与金融结合试点示范区。2010 年，为培育区域性金融支撑服务体系，加快科技与金融的结合，吉林省设立金融上市办公室，成立"科技型中小企业投融资服务中心"，加快了金融资源向吉林省的集聚；在"政＋投＋保＋银"模式成功的基础上，吉林省加强与金融机构的深度合作，建立了商业银行、创业投资基金、担保公司联合业务机制，形成项目筛选、评审、风险防范和利益分享机制，提高了对企业的资金投放规模和风险管理能力。

目前，长春市高新技术开发区已经聚集了基金公司、投资管理公司、风险投资公司等股权类投资机构，打破了仅有本土小规模服务机构入驻的现状。为了更好地促进中小企业融资，有必要建立统一的、综合化的科技金融服务平台，将各子平台进行对接，有效发挥科技金融服务体系的作用。

（二）科技金融服务平台的基本结构

金融机构自建平台模式以金融机构为资金供给的主体，全部实现了商业化操作。而共享共建融资服务平台则是各类融资中介机构相互协调与合作，在资源共享的基础上构建的面向科技型企业的服务平台。因此，结合吉林省科技金融发展状况，吉林省应以共享共建平台模式为主建立科技金融服务平台系统。

该平台以政府创新基金为引导，以信息服务平台为基础，以投融资平台为主体，以中介服务平台和信用担保平台为两翼。在此，需要特别说明的是，担保公司本质上属于中介机构，但在高新技术企业的融资过程中，担保公司经常与银行等金融机构合作，为科技型企业融资提供服务。鉴于此，将担保公司从中介机构中分离出来，成立专门的信用担保平台，同中介服务平台一起作为科技金融服务平台的两翼，共同为促进吉林省科技与金融有效结合而服务。

1. 基础平台——信息服务平台

信息服务平台是构建吉林省科技金融服务平台的基础,信息服务平台以科技型企业信用信息库、企业外部信用评级数据库、担保机构外部信用评级数据库以及科技型企业融资网络为核心,将政府部门、金融机构、信用担保机构、资信评级公司与科技型企业联系起来,实现各类信息的透明化、共享化,改变科技型企业的信息环境,从而为其提供良好的发展环境。

2. 主体平台——投融资平台

投融资平台的功能主要包括商业银行贷款的申请、审核等。符合条件的融资企业首先按照平台要求向有关部门提交融资申请书,并提供相关证明文件、财务报表等,同时向信用担保平台提供担保;投融资平台服务中心会同银行对项目情况进行分析,结合信息服务平台提供的申请企业的基本信息及信用情况,决定是否通过审核。对通过审核的项目,在融资企业支付一定比例保证金或提供相应质押品及担保费的基础上,平台为该项融资寻找适合的合作银行,协商贷款事项。对成功融资的项目,平台有责任督促企业按期还款并将还款具体情况记录保存在企业信用信息库中。

3. 风险投资机构融资平台

风险投资机构融资平台与风险投资机构保持长期合作关系,在吉林省科技金融服务平台上定期发布与风险投资相关的技术或项目类型,供融资企业参考。融资企业申请某一风险投资机构的股权投资,需提交相关申请资料。风险投资机构融资平台将通过初审的项目申请材料交由风险投资机构进行审查。风险投资机构审查完毕后会告知平台申请结果,申请结果会在吉林省科技金融服务平台上公示。

三、吉林省科技金融服务平台的构建对策

(一) 政府政策的引导

加大政府创新基金建设力度,突出政府引导职能,引导和支持风险投资机构的发展;加强与商业银行的合作,为吉林省中小企业提供优良的贷款服务;加大银行业科技信贷投入,鼓励科技金融产品创新;建立和完善科技保

险保费补助机制，鼓励与刺激科技型中小企业成立与发展，重点支持自主创新产品和企业；充分发挥税收政策的引导作用，制定相关的税收优惠政策。

（二）科技金融服务平台的对接

信息服务平台具有信息透明化、信息传递高速化、政策推广及信贷审批便捷化等特点，是科技金融服务平台的基础，也是实现各子平台对接的主渠道。为方便各参与主体获取相关信息，该平台的建设应以网络开发为主，建立一个治理结构高效严谨的市场主体，承担网络平台建设运营，将其他平台作为子平台链接到信息服务平台上。为防止虚假信息破坏平台系统运行，应加强政府监督管理部门与信息服务平台的有机结合。

（三）科技金融服务机构的联盟

大力发展包括商业银行、风险投资机构、担保公司、信用评级机构、专业化科技服务机构在内的创新联盟，聚集科技金融服务资源，发挥协同作用，确保科技金融服务平台各子平台间协调、平稳地运行。吉林省可以鼓励以吉林银行为代表的省属区域银行成立科技投资部门，直接面向科技研发机构和科技企业，为处于发展初期的科技型企业提供必要的资金支持。银行科技投资部门应引入信用机制，对科技贷款企业进行信用记录管理，进而促进其提高资金使用效率。

（四）科技金融复合型人才的培养

科技金融复合型人才包括科技金融战略性人才、组织运作实施人才、操作实践人才、理论研究人才、工具与机制运用人才和受益于科技金融的管理人才。吉林省是教育大省，应充分发挥吉林省各高等院校、科研院所高素质人才培养的优势，加强产学研合作，培养科技金融人才队伍。

科技与金融有机结合，建立科技金融体系，对推动吉林省科技产业发展、科技成果转化以及经济发展方式转型具有重要的战略意义。吉林省科技金融服务平台的运作将为科技型中小企业解决融资难的问题，吸引更多国内外科技创新要素和资源集聚吉林省并落地生根，这对于吉林省经济发展有着重要的推动作用。

（五）吉林省科技金融创新效率提升对策

1. 完善金融市场，提升金融市场创新效率

（1）吉林省银行业应协同其他金融机构，提高科技企业的贷款额度，加快资金审批进程，创新性地推出融资组合产品，从而拓宽吉林省科技型企业的融资渠道。

（2）吉林省应提升对银行业等金融机构的管理水平，设立专业性的服务支行，进而为科技型企业的融资提供便利，深化产融结合。

（3）吉林省应积极引入省外及国外资本，大力发展省内高新技术产业，提高产业发展质量。

（4）吉林省应加快推动保险业对高技术产业的支持，创新保险类型，针对科技型企业的需要设立相应的保险，从而分担科技金融发展带来的风险。政府要为实现金融市场为主、政府资金为辅的目标而努力。

2. 提高企业信用等级，提高资金利用效率

（1）高技术企业应注重自身信用等级，积极完善企业财务管理制度，降低自身的风险，从而寻求金融机构的支持。

（2）科技型中小企业和高技术企业进行技术创新时应制定严格的程序，加强对技术创新的管理，减少过程中的风险。

（3）高技术企业要提高对资金的利用效率，在提升管理水平的同时，设立专项机构审核资金的用途，合理分配资金，保证科研项目的资金配给，从而进一步提高企业创新实力。

3. 积极采取福利措施，留住高技术人才

高技术产业的发展离不开高技术人才，科技金融的发展需要高素质的技术人才。吉林省的科教资源丰富，高校在读人数逐年增加。引进高技术产业急需人才能促进企业提升科技创新水平，从而提高新产品的质量和销售收入，进而提高吉林省科技金融创新效率。

（1）吉林省政府应积极制定相关政策，投入资金，加大人才引进力度，吸引高技术人才来吉林就业。吉林省政府可以在各大高校组织召开就业、创

业指导宣讲会，大力宣传吉林省高技术产业园区的企业。

（2）企业应提高高技术人才的待遇水平，并推行股权激励机制，切实落实技术人才落户及相关津贴保障。

（3）吉林省应着力打造三地户籍、认证、社保的互认机制，消除对人才流动的束缚，贯彻落实以人为本的发展理念。

（4）吉林省应积极建立行之有效的科技成果奖励机制，通过奖励吸引行业内领军人才落户吉林省，增强吉林省科技创新综合实力。

第五节　吉林省科技大市场可持续发展

吉林省科技大市场位于吉林省长春市高新区，是东北亚和我国东北三省的地理几何中心，区位条件十分优越，交通网络发达。独特的区位优势和便利的交通，为吉林省科技大市场的后续发展提供了一定的基础和保障。

长春市高新区跻身全国首批"国家实施知识产权制度示范园区"。长春市高新区高校科研机构较为集中，创业生态环境良好，金融服务业集聚，这为吉林省科技大市场的发展提供了一个优质环境。国内知名的吉林大学、长春理工大学等多所重点学府都坐落在区内，高新区重点用于引导金融服务业发展，目前形成科技和金融资源加快集聚、高效配置、互相促进的发展态势。

一、吉林省科技大市场的运行现状

吉林省科技大市场是政府引导、市场化运作、企业化管理的一家国有企业，依托吉林省技术产权交易中心有限公司运行。

（一）吉林省科技大市场布局、服务内容与模式

1. 吉林省科技大市场布局和服务内容

吉林省科技大市场的服务战略定位是打造技术转移、创业孵化、科技金融、创新链接、国际化发展五大功能为一体的技术转移服务体系，发展成为区域性技术转移服务高地，全球先进技术对接平台，国际创新资源链接载体。

目前，吉林省科技大市场由"一网一厅一库"构成，采取线上和线下两

种方式对外提供服务。"一网"是指吉林省科技大市场平台网，整合技术、人才、资金等创新要素。"一厅"是指交易大厅，设有成果展示、科技政策咨询与政策落实、展示、项目发布、竞价、交易、科技融资服务等分功能厅。"一库"是指信息数据库，支撑"一网一厅"的高效运行。

吉林省科技大市场主要提供五项服务。

一是技术交易与合同认定服务。这项服务主要包括技术合同认定登记、供需项目登记挂牌交易、技术难题招标工作和技术经纪人培训工作，为有需求的科研机构、企业和个人进行技术认定和解决难题，并且培训技术经纪人队伍，对通过培训的人员发放认证证书。

二是投融资服务。这项服务主要包括科技金融贷款、企业贷款担保和联系社会中介机构工作，为开展技术转移的企业进行科技融资，解决过程中的资金困境，同时为企业联系相应的社会中介服务机构，如法律咨询和评估等。

三是网络平台服务。这项服务主要包括信息发布、项目对接、科技资源查询、网上展会、项目路演和在线咨询工作。

四是科技政策服务。这项服务主要包括科技政策咨询培训、项目申报服务、高新技术企业认定服务和科技专家咨询，为服务对象提供专业、权威的信息。

五是会员申请与会员服务。这项服务主要是对网上申请的会员进行管理和服务。

2. 吉林省科技大市场服务模式

吉林省科技大市场在对外服务模式上采取了线上和线下相结合的方式。在线下，主要是通过吉林省科技大市场工作人员走访企业，了解企业的要求，与企业达成协议并为其提供服务。在线上，吉林省科技大市场充分利用网络平台，采取会员注册制，为注册会员提供服务。

（二）吉林省科技大市场管理运行现状

（1）吉林省科技大市场现行组织架构和股权构成。吉林省科技大市场最高权力机构为股东大会，根据章程行使职权。设董事会、监事会，实行总经理负责制。公司下设综合部、信息部、交易部和运营部，在运行机制上实行会员制。在对外进行服务的时候，这些部门相互配合，为企业提供全方位、一站式的服务。

（2）吉林省科技大市场人力资源分布。吉林省科技大市场对相关服务人员进行技术经纪人培训、科技政策培训、知识产权培训、专业技术人才创新服务培训、企业发展战略培训、技术合同认定登记业务培训、业务素质提升培训等各类专业培训，不断提高服务人员的从业能力。

（3）吉林省科技大市场内部信息传递。吉林省科技大市场每周召开例会，在会议上每个部门的领导对前期的工作进行总结并提出下一步工作方向，高层领导负责整体的工作安排和调度。

（4）吉林省科技大市场的财务状况。吉林省科技大市场是由省科技厅牵头成立的，是公益性的技术转移服务机构，经费源于财政资助。

二、吉林省科技大市场的可持续发展对策

（一）加强运用线上线下相结合的运行模式

吉林省科技大市场按照市场化原则，加强运用线上线下相结合的运行模式，集中整合服务功能、规范服务流程和促进功能区建设，保证提供服务的全面性、系统性和便利性。

在吸引服务对象方面，吉林省科技大市场充分利用网络平台的便捷性，将服务对象以会员的形式进行统一管理，为需求双方搭建起科技资源统筹平台，以企业需求拉动技术供给，以买方市场带动卖方市场，吸引越来越多的企业和机构来网上技术市场寻求或发布技术资源信息，进行技术转移交易。

吉林省科技大市场发挥线下技术经纪人和功能服务区的作用，提供一站式、覆盖全链条的技术转移服务，与网上技术市场真正形成了有形与无形、线上与线下互联互动互补的技术市场体系，实现技术市场上技术供给方和技术需求方互利共赢的模式。通过线上和线下的结合，不仅丰富了市场信息，促进了与服务对象的沟通，细化了吉林省科技大市场的服务功能，也推动了组织结构的倒置和职能部门的进一步发展细化。

（二）完善管理运行规章制度

制度是运行的根本和依据，对于运行的规范性起到了极其重要的作用。吉林省科技大市场应该重视规章制度对于自身运行的指导意义，在实践中结合实际情况不断完善和发展。

吉林省科技大市场在对外服务方面应设立相关规则，如技术交易规则、会员管理办法、初创板挂牌规则、专利拍卖规则、科技成果评价管理办法等，利用这些规则规范服务行为，辅助对外转移服务机制有效落实和运行。吉林省科技大市场在管理运行方面也应完善制度，对技术经纪人设立考核制度，用以约束相关服务人员按照服务流程进行服务，明确服务人员的岗位职责并将工作目标责任制，对有优秀表现的服务人员进行奖励，对工作效率不高或出现重大失误的服务人员进行相应处罚。吉林省科技大市场也应在对股东的管理上完善相关的管理细则，明确股东的职责、权益和分红标准，保证股东结构的稳定性。同时在组织职能方面通过规定明确分工，保证服务功能能够得到有效落实。

（三）探索政府引导和社会多元化参与的建设模式

虽然吉林省科技大市场是由省科技厅牵头建立的，但政府应当适当"放手"，引进市场经济体制下的其他主体，使这些主体利益相连接，发挥合力促进吉林省科技大市场的可持续发展。同时，吉林省科技大市场应积极探索政府引导和社会多元化的建设模式，对于提升其技术转移服务机制和管理运行机制具有重要的意义。

吉林省科技大市场可以在原有的股权结构里引入社会资本、金融机构、企业、技术提供方等相关主体，共同组成吉林省科技大市场管理层，在同一层级设置监督层，保证吉林省科技大市场的有序运行。吉林省科技大市场引进主体可以直接促进其盈利模式的形成，并为其带来先进的管理制度和管理经验，由管理运行提升带动对外服务的提升，为其持续发展提供保障。但吉林省科技大市场也应注意股权比例的划分，使国有企业等占主导地位。

（四）加强人才队伍建设

要注重对人才培养模式的开发，加强人才队伍建设，为吉林省科技大市场可持续发展提供保障。

第一，着重培育高端的技术转移人才。吉林省科技大市场可以建立技术转移培训机构，组织培训一批既具有专业背景知识又具有市场知识的技术转移代理人、技术转移对接人，使其能够规范技术转移服务流程，提高技术转化效率；同时还可以学习先进技术转移机构的做法，与国际的技术转移培训机构对接，引进先进技术转移机构的培训内容、方法和理念，以充实吉林省科技大市场的高端技术转移人才队伍。

第二，吸引和引进高端的技术转移服务人员，尤其是重点领域的相关人员。对这些人员的引进需要靠具有吸引力的政策，可以在薪资待遇、住房上给予一定的倾斜和补助。同时，也应该注重对团队的引进。

第三，加强专家队伍的建设。通过专家团队的建设，带动吉林省科技大市场其他人员的服务水平和能力，进而提高吉林省科技大市场的服务水平。这里的专家团队类型主要可以分为四种：①技术性专家，主要负责帮助企业进行技术转化，即把引进的技术转化为企业的现实生产力；②市场信息专家，主要负责整合先进技术信息，并寻找合适的企业；③管理专家，为企业制定一套系统、完整的管理方案，使科技成果能够更好地在企业里转化；④金融专家，主要为企业提供资金方面的支持和辅助，可以帮企业或项目联系相关的天使投资人。

吉林省科技大市场采用激励方式提高人才稳定性，通过规范绩效考核制度，对工作能力突出或经验丰富的人才给予一定的股权，使其成为吉林省科技大市场的股东，将自身利益与吉林省科技大市场发展紧密结合。

（五）形成可持续发展盈利模式

形成可持续发展盈利模式的直接目的是提升吉林省科技大市场的收入，吉林省科技大市场在获取收入之后可以加强自身建设，提升对外服务能力。

吉林省科技大市场在对外服务的过程中已经引入了技术提供方、社会中介机构和金融平台等服务主体，可以按照一定的制度与这些服务主体分享获得的利润，形成多赢的局面，促进其他主体的积极性和参与度，提高吉林省科技大市场服务质量，有效地将其他主体利益与吉林省科技大市场连接。

对于面向技术需求方和技术提供方的服务，吉林省科技大市场可以建立服务收费制度，比如进行提供技术信息服务和培训服务的时候，可以按照项目投资额的一定比例收取服务费用。此外，吉林省科技大市场还可以拓展服务的范围，在技术转移的全链条上进行服务，使自己的技术服务升值，比如可以深入技术研发环节，和技术研发机构的相关人员共同进行技术研发，提高技术的使用率和企业对其的接纳程度，并共享技术转化的利润。

在技术转移的全链条上，吉林省科技大市场应该结合自身的优势，为企业进行差异化和定制化服务，增强自身市场竞争能力，创造有自身特色的盈利模式。

参考文献

［1］邓宇．科技金融驱动我国制造业竞争力提升的路径研究［J］．西南金融，2022（7）：56–66．

［2］孙锦礼，陈悦．科技金融生态对科技企业孵化效率的影响效应研究［J］．区域经济评论，2022（2）：120–127．

［3］戴伟，耿志飞，张雪芳．科技金融支持科技创新发展水平测度及空间分异研究［J］．会计之友，2022（5）：35–41．

［4］李灿芳．科技金融投入对科技创新影响的区域差异分析［J］．财会通讯，2022（3）：85–90．

［5］冯鑫明，殷清，张一飞．我国科技金融与产业结构升级的耦合关系研究［J］．科技管理研究，2022，42（1）：79–85．

［6］姜凤旭．科技金融的发展新思路［J］．中国金融，2021（21）：101．

［7］胡滨，任喜萍．金融科技发展：特征、挑战与监管策略［J］．改革，2021（9）：82–90．

［8］李大伟，田何志，吴非．科技金融、企业数字技术应用与产业结构优化［J］．金融理论与实践，2021（7）：29–39．

［9］马凌远，尤航．科技金融、信息不对称与融资约束［J］．财会月刊，2021（14）：56–63．

［10］杨晶，陈伟．科技金融与科技创新的协同机理、问题与对策建议［J］．科学管理研究，2021，39（3）：147–153．

［11］李鹏，张豪，徐英军．我国科技与金融协同发展的水平测度与提升路径：基于郑州市和其他科技金融试点城市的对比［J］．金融理论与实践，

2021（5）：20-27.

[12] 陆园园. 科技与金融深度融合发展的新方略 [J]. 南京社会科学，2021（5）：31-38.

[13] 周新，马丁. 我国科技金融发展效率的影响因素：基于模糊集的定性比较分析 [J]. 科技管理研究，2021，41（6）：49-54.

[14] 冯永琦，邱晶晶. 科技金融政策的产业结构升级效果及异质性分析：基于"科技和金融结合试点"的准自然实验 [J]. 产业经济研究，2021（2）：128-142.

[15] 郭跃飞. 基于科技金融的现代农业发展困境与出路 [J]. 农业经济，2021（3）：105-106.

[16] 汪淑娟，谷慎. 科技金融对中国经济高质量发展的影响研究：理论分析与实证检验 [J]. 经济学家，2021（2）：81-91.

[17] 张玉喜，刘栾云峤. 共生视角下科技金融生态系统对科技创新的影响 [J]. 系统工程，2021，39（3）：25-36.

[18] 刘姝璠，张荣光，邓江晟. 科技金融、高新技术产业与产业结构升级 [J]. 统计与决策，2021，37（2）：145-149.

[19] 刘栾云峤，张玉喜. 区域科技金融生态系统共生与进化实证研究 [J]. 科技进步与对策，2021，38（5）：48-58.

[20] 李媛媛，陈文静，刘思羽. 科技金融网络构建及演化仿真研究 [J]. 金融理论与实践，2020（12）：17-23.

[21] 曹金飞，李芸达. 互联网发展趋势研判及其对科技金融的影响 [J]. 科技管理研究，2020，40（20）：15-21.

[22] 侯世英，宋良荣. 金融科技、科技金融与区域研发创新 [J]. 财经理论与实践，2020，41（5）：11-19.

[23] 程翔，张瑞，张峰. 科技金融政策是否提升了企业竞争力？：来自高新技术上市公司的证据 [J]. 经济与管理研究，2020，41（8）：131-144.

[24] 芦锋. 创新价值链视角下我国区域科技金融效率研究 [J]. 贵州社会科学，2020（6）：126-136.

[25] 颜军梅，万波，石军. 科技型中小企业金融接力支持创新研究：基

于扎根理论的多案例探索［J］.科技进步与对策，2021，38（4）：88－95.

［26］张芷若，谷国锋.中国科技金融与区域经济发展的耦合关系研究［J］.地理科学，2020，40（5）：751－759.

［27］王黎明，周羽中，王宁，等.基于生命周期的中国科技金融支持体系研究［J］.科技管理研究，2020，40（10）：36－41.

［28］罗广宁，陈丹华，肖田野，等.科技企业融资信息服务平台构建的研究与应用：基于广东省科技型中小企业融资信息服务平台建设［J］.科技管理研究，2020，40（7）：211－215.

［29］唐志武，刘欣.吉林省科技型中小企业直接融资问题研究：基于三维结构模型视角［J］.税务与经济，2020（2）：106－112.

［30］罗文波，陶媛婷.科技金融与科技创新协同机制研究［J］.西南金融，2020（1）：23－32.

［31］王海芸，张明喜，刘杨.科技金融：理论与实证分析［M］.北京：科学出版社，2021.

［32］杨琳.科技金融发展的理论与实践：以陕西科技金融体系构建为例［M］.北京：社会科学文献出版社，2016.

［33］孙杰光，任春玲，王文昭.吉林省科技金融发展理论与实践研究［M］.北京：中国财富出版社，2018.

［34］苏保祥，易晓，等.科技金融理论、实践与创新［M］.北京：中国金融出版社，2017.

［35］陈作章，于宝山，杨刘礴睿，等.中国科技金融应用与创新案例研究［M］.苏州：苏州大学出版社，2019.

［36］毛道维，毛有佳.科技金融的逻辑［M］.北京：中国金融出版社，2015.

［37］周晓世，等.科技金融服务［M］.沈阳：辽宁教育出版社，2015.

［38］丁崇泰.政府创业投资引导基金发展及美国经验借鉴［J］.地方财政研究，2019（3）：107－112.

［39］周才云，赵晶晶.国外科技金融持续发展的经验与启示［J］.当代经济，2015（6）：26－27.

［40］陈怡．浙江省科技金融专营机构的实践经验及国际比较：基于杭州银行科技支行与硅谷银行的比较分析［J］．浙江金融，2015（9）：25 – 29．

［41］陈国华．吉林省现代农业发展的区域比较研究［D］．长春：吉林农业大学，2012．

［42］肖嫚．战略性新兴产业发展的科技金融创新模式研究［D］．武汉：武汉理工大学，2012．